働き方改革で潰れない会社の人事戦略

谷所健一郎

Personnel strategy of a company not going bankrupt in work style reform

C&R研究所

はじめに

働き方改革は、2016年9月、内閣官房に「働き方改革実現推進室」が設置されて、働き方改革の取り組みを提唱し、2018年6月に残業時間の上限設定、有給休暇の義務化、割増賃金の猶予措置廃止、同一労働、同一賃金、高度プロフェッショナル制度の創設などの法案が成立しました。

働き方改革は、今後の労働人口減少を見据えたなかで、「一億総活躍社会」に向けた取り組みだと言えます。働き方改革を進めるうえで、人事戦略を構築し実行しなければ、人件費が高騰するだけでなく新入社員が採用できず既存社員の定着率も悪化します。特に人口減少に伴う人員不足は、何もしなければ間違いなく企業の存続に影響する問題なのです。

また、残業賃金や同一労働、同一賃金などについても、対策を講じなければ、人件費だけが高騰し利益幅が少ない中小企業などは倒産に追い込まれます。

働き方改革は、働く人々の状況に合わせた働き方ができ、同一の労働であれば賃金格差をなくし、さらに、高齢化社会においても安定して仕事を継続できる環境を構築するなど、労働者の働く環境を良くしていこうという改革ですが、企業側から捉えると、必ずしもメリットのある改革ではなく、経費の増大や労働生産性の低下などの恐れがあります。

しかし、間違いなく訪れる労働人口の減少や高齢化社会において、中小企業だからできないという言い訳はできず、むしろ今後の企業基盤を固めて繁栄していくためには、中小企業だからこそ必要な改革だとも言えます。

本書では、働き方改革に対応していく企業が潰れないための戦略について、書かせていただきました。さらに、採用できない状況は企業にとって死活問題に繋がりますので、固定観念に捉われない大胆な戦略で、良い人材を確保する方策について説明します。

本書を役立てていただき、働き方改革で潰れない企業を構築してください。

谷所 健一郎

CONTENTS

目次

CONTENTS

目次

第2章 働き方改革で予測できる問題点

目次

第3章 社内体制の整備

CONTENTS

目次

第5章 長時間労働の対策

CONTENTS

目次

第6章 非正規社員と正社員の格差対策

CONTENTS
目次

第7章 活気のある会社を構築する

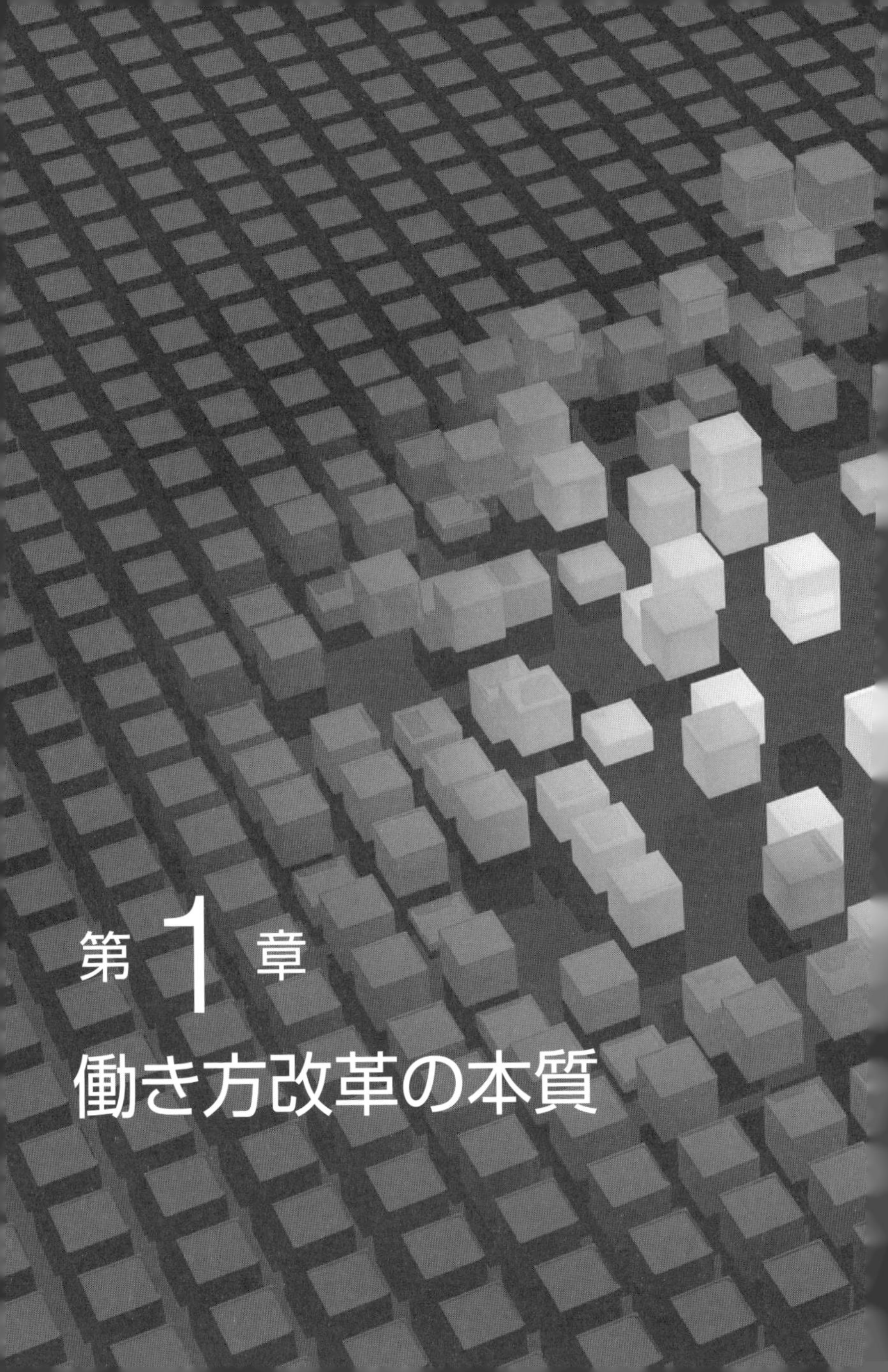

第1章
働き方改革の本質

PERSONNEL STRATEGY

一億総活躍社会とは？

国立社会保障・人口問題研究所の資料によると、1995年に8726万人だった15歳から64歳までの生産人口が、2056年には5000万人を割るとされています。労働人口が1995年と2050年では約40％減少してしまうのです。このままいけば、国の生産力低下が避けられないことから、内閣が本格的に働き方改革をスタートさせています。労働力の低下を補うためには、これまで労働条件などで働けなかった人や主婦（夫）や高齢者などが活躍できる社会を築いていこうという考え方が「一億総活躍社会」にはあると考えます。

一億という言葉から、今後の人口減少を抑えるために出生率を引き上げていく環境や制度を構築して、出産しても安心して活躍できる社会づくりの意味合いも考えられます。別の見方をすれば、労働人口とGDP（国内総生産）が減少し、高齢者を支えていく社会保障制度が衰退していく問題を、国民全員で乗り切らなければならない危機感に置き換えられます。人生100年時代だから高齢者になっても元気なうちは働き、年金支給開始時期をできる限り遅らせて、生き生きと働ける環境を作ろうということが、一億総活躍社会という言葉から読み取れます。いずれにしても労働人口の減少が企業の衰退に繋がります。

一億総活躍社会とは、労働人口減少を食い止めるために、これまで社会に参加していなかった主婦(夫)や高齢者が活躍できる環境を構築し、長時間労働を是正しワーク・ライフ・バランスを取り入れながら労働生産性を上げていくことで、企業も働く人々も良い方向に進んでいくという

改革なのです。
一億総活躍社会を構築するためには、これまでの既成概念に捉われず、働く人に合わせた労働環境を提供し、労働生産性を高めるための改善が企業に求められているのです。

ポイント

○社会に参加していない主婦（夫）や高齢者が活躍できる環境を構築する
○長時間労働を是正し労働生産性を高めることが求められる
○働く人に合わせた大胆な改革が求められる

働き方改革の目的

働き方改革の目的は、労働人口の減少を解消し働く人が活躍できる環境を構築していくことです。

具体的には、労働人口減少を抑えるために労働人口を増やす制度と共に、労働人口が減少しても労働生産性を高めていくための両面の方策が求められています。そして、出生率を高めて人口減少を抑えるための制度や環境整備も働き方改革の目的です。

労働人口減少を抑えるためには、社会に参加していなかった主婦（夫）や、60歳以降の高齢者の活用が必要です。そのためには、働く人に合わせた労働条件や環境を整備しなければ、働き方改革は絵に描いた餅になってしまいます。

労働生産性を高めるためには、仕事内容の見直しやマニュアルを整備し、誰でも取り組める環境の整備や、ロボットやＡＩが人に代わって作業をおこなう体制作りも急務です。

出生率を高めるためには、育児と仕事を切り離すのではなく、出産後も仕事が継続できるための保育所の増設や短時間勤務、定時に退社できる労働環境の整備、さらにはサテライトオフィスや自宅で勤務できるテレワークの労働環境など、誰もが働きやすい環境を作ることが重要です。さらに非正規社員の待遇を是正し、同一の労働であれば格差がない社員と同様の生活水準まで引き上げていくことで、様々な働き方の選択ができるようになります。

　働き方改革の目的は、長時間労働の是正や有給休暇の義務化、非正規

社員の給与の是正、福利厚生の充実などをおこない、働く人々が安定して長く仕事ができるための改革なのです。

ポイント

○女性や高齢者を活用し労働人口の減少を抑える
○働きやすい環境で労働生産性を高める
○出生率を上げるための環境を整備する

働き方改革で潰れる会社

２０１８年6月に決定された働き方改革を推進するための関係法律の整備に関する法律により、中小企業などで利益が出ていない企業のなかには、人件費高騰に繋がり潰れる会社が出ても不思議ではないと考えます。

働き方改革という言葉の印象から危機感を持たない企業経営者もいますが、今回の改正で、特に気になるのは、雇用形態に関わらず、同職種業務の一般の労働者の平均的な賃金と同等以上の賃金であるように定めで、義務化されたことです。

例えば月１０００万円の売上があり、人件費が４００万円、そのうち非正規社員の人件費がこれまで２００万円の中小企業で経常利益が４％月概算40万円であれば、正社員22万円と同じ職種の時給概算が１２５０円として、非正規社員の時給が現在１０００円であれば、非正規社員の人件費が約25％、50万円増加して利益がなくなり月々マイナス10万円の赤字になります。

施行が２０２０年４月１日（中小企業は２０２１年４月１日）前までに、改善策を講じなければ、利益の出ない体質に陥り倒産という危険性がある法律なのです。

この法案が成立したことで今後、非正規社員から格差是正の訴えが増えることが懸念されます。さらに、高齢者雇用についても、同一労働・同一賃金の捉え方でいけば、賃金が上昇することが予想されます。

潤沢な資金力があり、利益を出している大企業であれば、利益がいくらか少なくなる程度かもしれませんが、利益が少ない中小企業では、死活問題であることを自覚する必要があります。

ポイント

- ○同一労働・同一賃金の施行で潰れる可能性がある
- ○今後、非正規社員から賃金格差で訴えられる可能性がある
- ○施行前に改善策を講じる必要がある

中小零細企業は働き方改革どころではない

２０１８年12月に東京商工リサーチは、深刻な人手不足を背景にした国内の企業倒産が１～11月の合計で３６２件に上り、２０１３年の調査開始以降で暦年の過去最多を更新したと発表しました。

中小零細企業が大半を占めており、人材確保が困難で事業を継続していくことができない「求人難型」倒産の増加が目立つそうです。社員を引き留めるために賃金を引き上げたことで経営が悪化した「人件費高騰型」が71・４％増で大幅な増加になっています。

中小零細企業にとって実は、働き方改革どころではないのが実態なのです。大手企業であれば潤沢な資金力と豊富な人材で働き方改革を実行できるかもしれませんが、そもそも採用できない、採用できても賃金が高騰して倒産してしまう状況であれば、抜本的な経営改革をしない限り、今後も悪循環が続いていきます。

現在の業態で今後も利益が出る見通しが立たないならば、既存の社員を生かして別の収入源確保の道を探すしかありません。

一例をあげれば、自動車教習所のなかには、人口の減少などが影響し売上が大幅に減少しているなかで、社員にドローン指導者資格のライセンスを取らせて、ドローン教習をスタートさせており、すでに満席になっている教習所もあります。

今後、益々労働人口が減少していくなかで、新しい業態を展開することも視野に入れて思いきった

改革をおこなわなければ、中小零細企業にとって明日はありません。

ポイント

○中小零細企業は、働き方改革どころではない
○今後も見通しが立たないならば業態変更を検討する
○働き方改革の前に経営計画を検討する

退職代行業者の存在が意味すること

本人に代わり退職業務を代行してくれる企業が話題になっていますが、そもそも代行業者に金銭を支払わなければ辞められない状況こそ、働き方改革以前の問題です。

企業側からすると、働き手がいないなかで退職されてしまえば、事業が継続できない大きな問題ですが、辞めたい社員を脅かして引き留めても、遅かれ早かれ辞めていきます。

人がいないため過重労働になれば、社員は辞められない不安と共に健康や精神面を損なう恐怖心を持ちます。

退職を申し出ても円満な話し合いができず、半ば脅かされて勤務を継続する状況では、間違いなく社員の仕事への意欲はなくなります。

本人の将来を親身に考えたうえでの引き留めは、決して悪いことではありませんが、会社の事情だけで、「辞められるわけないだろ」「別の社員を連れてきたら辞めさせてやる」など、脅かして引き留めることが問題なのです。

自社の退職手続きや上司の引き留め方についてチェックをしてください。退職してしまうことで会社の損失があっても、辞めたい社員を無理やり引き留めることはできません。

定着率が悪く常に多額の採用経費をかけているならば、その費用を労働環境の改善に補てんして、定着率を上げることを考えてください。

社員が円満に退職できる企業でなければ、社員は安心して仕事ができません。働き方改革実践の前に、社員の退職手続きに問題ないか検証し、円満に退職できる状況でなければ、働き方改革の実践は難しいのです。

ポイント

○ 社員の退職手続きについて検証する
○ 円満退社ができない企業は定着率が悪い
○ 無理やり引き留めても辞めていく

働き方改革の課題①　労働者不足

「働き方改革など関係がない」あるいは「労働環境の整備などできる状況ではない」などと働き方改革ができない理由を考えますが、実践しなければ、社員の定着率が悪くなるだけでなく社員の採用も難しくなります。今後、ロボットやＡＩが労働人口の減少を補うことができても、要となる社員がいなければ、企業存続が難しくなります。

「できない」から入らず、「どうしたらできるか」と考えていくことが大切です。働き方改革では非正規社員と正社員の格差是正だけではなく、労働力不足、長時間労働という課題についても検討が必要です。

企業規模や業種により解決策は異なりますが、労働者不足、長時間労働、非正規社員と正社員の格差是正を含めた課題について考えていきます。

特に労働者不足は深刻です。現在でも募集をしても良い人材が採れない、あるいは、応募そのものがないという企業もあります。

今後、労働人口が減少していけば、現状よりさらに採用環境は悪化しますので、高齢者や主婦（夫）の活用だけでなく、外国人労働者の活用を検討する必要があるかもしれません。働き方改革においても高齢者や主婦（夫）の活用があげられていますが、魅力ある企業として改善できなければ、高齢者や主婦（夫）も働きたいとは思いません。なぜ採用できないのか他社の動向を含めて検討してみてください。労働人口が減少し売り手市場だから仕方がない、集まりにくい業種だからと諦めてしまえば、この先も採用できません。

詳しくは、後述しますが新卒採用が採れなければ、新卒採用から第二新卒の採用に切り替えることを検討してください。中高年は使いにくい、給与が高いという問題があるのならば、研修制度や給与規定を変えることもできます。

ポイント

- ○新卒採用から第二新卒の採用にシフトする
- ○固定観念に捉われず労働環境の整備をおこなう
- ○高齢者や主婦（夫）の採用をおこなう

働き方改革の課題②　長時間労働

これまで36協定を締結すれば残業時間の上限がなく働いてもらうことができましたが、法律改正に伴い残業の上限が設定されました。また、残業時間が月60時間を超えた場合に50％の割増賃金を支払うことについて、これまで中小企業は猶予期間でしたが、中小企業も２０２３年から施行されます。

長時間労働を是正するためには、根本的な原因を考えてみる必要があります。労働者不足のため残業をおこなわなければならない状況であれば、短時間正社員など新たな雇用形態を設けてでも人員不足を補わなければ、この先もずっと長時間労働を強いることになります。

また技術や仕事のスキルに見合う社員がいないため、特定の社員に負荷がかかっているのであれば、マニュアルなどを整備し、特定の社員に偏らないためめに社員のスキルを高める改善策が必要です。

日常おこなっている業務を分析し、無駄な仕事がないか、他部署と連携すれば効率的にできないか、あるいは外部に委託できないかなど、業務そのものの在り方を見直すこともおこなわなければいけません。

また残業が生活給になっているため、社員に残業を減らす意識が少ないケースもあります。残業代込みが生活給になっていれば、残業削減のための働き方改革に賛同が得られません。

長時間労働の原因を分析したうえで、具体的な解決策を提示し実行していくことが大切です。

ポイント

- ○長時間労働の原因を分析する
- ○労働生産性を維持もしくは引き上げる方策を検討する
- ○特定の社員に偏らない業務体制を構築する

働き方改革の課題③ 非正規社員と正社員の格差是正

非正規社員が正社員と同様の仕事をしても5割から6割程度の賃金しか支払われていない現実では、安定した生活ができません。

とはいえ、賃金をアップすれば利益がなくなる状況では、経営を圧迫します。非正規社員を使うメリットは、正社員のように終身雇用ではなく有期雇用なので、企業の経営状況により人員調整が容易にできるメリットがあります。しかし、今後の労働人口減少を考慮すれば、非正規社員の正社員への登用や、短時間正社員制度などの新しい雇用形態を考えていく必要があります。

格差是正の改善で賃金が高騰することが、多くの非正規社員を雇用している中小企業にとって一番の問題です。

中長期的には、ロボットなどを導入し非正規社員を少なくして人件費を抑える方法を検討すべきですが、短期的には、正社員の職務と非正規社員の職務の違いを明確にしたうえで、非正規社員と正社員と同一の職務ではないという観点から、給与の上昇幅を少なくすることを検討すべきかもしれません。

非正規社員もしくは、正社員の職務内容の見直しをおこない、正社員に対して、非正規社員の仕事と同一ではない職務を遂行させる方法もあります。

政府の指針により賃金をアップするだけでは、人件費が増大するだけですので、格差是正を良い機会と捉えて、非正規社員を含めた社員の評価制度についても考えてみるべきです。

ポイント

○ 正社員と非正規社員の職務内容を見直す
○ 非正規社員の職務内容をロボットなどに代用できないか検討する
○ 労働人口の減少から非正規社員の正社員登用を検討する

働き方改革の法案について

２０１８年７月に公布された働き方改革の法案について内容と改善策について確認をしておきましょう。

◆残業時間の規制

時間外労働の上限を年７２０時間、月１００時間（休日労働含む）、２～６カ月の平均80時間（休日労働含む）に設定

【施行時期】　**大企業２０１９年４月、中小企業２０２０年４月**

改善策

- 労働者の確保
- 業務のマニュアル化
- 変形労働時間の導入
- 雇用形態の多様化

・労働生産性の向上

◆有給休暇の義務化

有給休暇が年10日以上ある労働者について、うち5日の取得を企業に義務化

【施行時期】　２０１９年４月

改善策

・労働者の確保
・業務のマニュアル化
・労働生産性の向上
・雇用形態の多様化

◆割増賃金率の猶予措置廃止

残業時間月60時間を超えた場合にかかる割増賃金率50％について、現在中小企業に実施している猶予措置を廃止

【施行時期】　中小企業　2023年4月

改善策

- 労働者の確保
- 業務のマニュアル化
- 労働生産性の向上
- 雇用形態の多様化

◆勤務間インターバル制度

終業と始業との間に一定のインターバル時間を設ける勤務間インターバル制度の普及に努める

【施行時期】　2019年4月

改善策

- 勤務時間の確認、修正
- 労働者の確保
- 業務のマニュアル化

● 労働生産性の向上

◆**同一労働・同一賃金**

正社員と非正規労働者との待遇に不合理な差をつけることを禁止する

【施行時期】　大企業2020年4月、中小企業2021年4月

改善策

● 給与規定、職務内容の見直し
● 非正規社員から正社員への登用
● ロボットの導入
● アウトソーシングを検討

◆**産業医の機能強化**

従業員の健康管理に必要な情報の提供を企業に義務付ける

【施行時期】　2019年4月

◆**高度プロフェッショナル制度の創設**

高収入（年収1075万円以上を想定）で専門知識を持った労働者について、本人の同意などを条件に労働時間規制から外す。勤務時間に縛られず働ける代わりに残業代、休日出勤、深夜割増などが支払われない

【施行時期】　2019年4月

改善策

- 制度の構築
- テレワーク環境の整備

◆**フレックスタイム制の見直し**

フレックスタイム制の「清算期間」の上限を1カ月から3カ月に延長する。

【施行時期】　2019年4月

改正高年齢者雇用安定法について

働き方改革をおこなううえで、労働力人口を補うためにも高齢者の活用が急務です。すでに施行されている改正高年齢者雇用安定法により、65歳以上の定年引き上げは実施していなくても、多くの企業が希望者全員を65歳まで継続雇用する制度を導入しています。

60歳から雇用形態を契約社員などに切り替え、賃金を落として再雇用している企業もありますが、今後この点についても同一労働・同一賃金の法律が適用されていくものと考えます。

年金支給開始時期が65歳に引き上げられたことにより、必然的に60歳以降も働かなければいけない状況であっても、大幅な給与減額でモチベーションが下がってしまえば、仕事で良い成果は期待できません。高齢者を戦力として活用してくためにも、同一労働・同一賃金の原則に基づき給与の大幅な減額をせずに雇用できる仕組みを構築しなければいけません。

さらに今後、年金支給開始時期が70歳になる可能性を考えれば、65歳から70歳近くまでの高齢者雇用が求められる可能性も考慮すべきです。

◆すでに施行されている働き方改革に関連する法案

【改正高年齢者雇用安定法】　２０１３年４月１日

❶65歳以上までの定年引上げ

❷希望者全員を65歳まで 継続して雇用する制度への制度改正

❸定年の定めの廃止のいずれかの対応が義務付けられる

ポイント

○高齢者が活躍できる組織作りを考える

○労働人口減少対策の要になる

○再雇用でも大幅な減給はおこなわない

働き方改革に伴う助成金について

働き方改革を実施するにあたり、助成金が支給されますので、厚生労働省のHPをご確認ください。最低賃金引上げに向けた中小企業・小規模事業者への生産性向上等の支援は次の通りです（厚生労働省HPより抜粋 2018年12月現在）。

◆業務改善助成金

中小企業・小規模事業者の業務の改善を国が支援し、従業員の賃金引上げを図るために設けられた制度です。生産性向上のための設備投資などを行い、事業場内で最も低い賃金（事業場内最低賃金）を一定額以上、引上げた中小企業・小規模事業者に対して、その設備投資などにかかった経費の一部を助成します。最低賃金引上げの金額や引上げる労働者数などにより異なりますが、50万円から100万円の助成金が支給されます。

◆キャリアアップ助成金

本助成金は次の７つのコースに分けられます。

❶有期契約労働者等の正規雇用労働者・多様な正社員等への転換等を助成する「正社員化コース」

❷有期契約労働者等の賃金規定等を改定した場合に助成する「賃金規定等改定コース」

❸有期契約労働者等に対し、労働安全衛生法上義務づけられている健康診断以外の一定の健康診断制度を導入し、適用した場合に助成する「健康診断制度コース」

❹有期契約労働者等に関して、正規雇用労働者と共通の職務等に応じた賃金規定等を設け、適用した場合に助成する「賃金規定等共通化コース」

❺有期契約労働者等に関して、正規雇用労働者と共通の諸手当に関する制度を設け、

適用した場合に助成する「諸手当制度共通化コース」（新規）

❻労使合意に基づき社会保険の適用拡大の措置を講じ、新たに被保険者とした有期契約労働者等の基本給を増額した場合に助成する「選択的適用拡大導入時処遇改善コース」（新規）

❼短時間労働者の週所定労働時間を5時間以上延長し、当該労働者が新たに社会保険適用となった場合に助成する「短時間労働者労働時間延長コース」また、短時間労働者の週所定労働時間を1時間以上5時間未満延長し、当該労働者が新たに社会保険の適用となった場合も、労働者の手取り収入が減少しないように❷または❻と併せて実施することで一定額を助成

働き方改革で実践すべきこと

働き方改革で実践しなければいけないことを整理してみましょう。

◆労働者確保・格差是正

主婦（夫）や高齢者を雇用

【問題点】　勤務条件に該当しない。能力が劣る可能性がある。

【ポイント】　労働人口の減少から雇用できる体制を構築する。

新卒採用から第二新卒採用にシフト

【問題点】　若年層の不足の懸念がある。

【ポイント】　25歳以下の第二新卒で十分補える。

他社と差別化した魅力を打ち出す

【問題点】　魅力そのものを打ち出せない。

【ポイント】　新入社員のリサーチやクレドを作成する。

非正規社員の正社員との同一労働・同一賃金（格差是正）

【問題点】　人件費が増える。

【ポイント】　正社員と非正規社員の職務内容を切り分ける。

◆労働生産性の向上

業務をマニュアル化

【問題点】　現場で余裕がないと反発がある。

【ポイント】　外部委託をしてでも実践する。

ロボットやＡＩを導入

【問題点】　設備投資に費用が発生する。
【ポイント】労働生産性、人員不足に対して最優先事項でおこなう。

クラウドや業務委託を検討

【問題点】　費用が発生する。
【ポイント】費用対効果を検証する。

実績重視型の評価制度を導入

【問題点】　減給になる社員から反発がある。
【ポイント】改革は痛みを伴うことを自覚し実践する。

◆働く環境の向上

実績重視型の裁量性労働を増やす

【問題点】　実質的な労務管理ができなくなる。

【ポイント】 実績重視型に切り替える。

サテライトオフィスやテレワーク環境整備

【問題点】 導入に費用が発生し労務管理が疎かになる可能性がある。
【ポイント】 様々な勤務条件に対応でき交通費などの削減に繋がる。

第2章

働き方改革で予測できる問題点

経費が増加し経営を圧迫する

働き方改革を進めるうえで、起こりうる問題点について考えてみましょう。第一に考えられるのは、改革を進めることで生じる人件費やロボットなどを導入する設備費用の増加です。

働き方改革は、有給休暇の義務化や非正規社員の同一労働・同一賃金などが人件費増大に繋がり経営を圧迫する可能性があります。そもそも有給休暇は付与しなければいけないものですし、非正規社員の賃金格差も本来あってはいけないものなのですが、法律で施行されることで、社員からの訴えが起きる可能性があります。

人件費の高騰で経営を圧迫しない方法は、人件費を抑えるか、労働生産性を高めて利益を出して人件費に充当させる方法しかありません。

特に中小企業では、働き方改革以前の問題として採用が難しいことで初任給を引き上げて募集をする企業がありますが、それでも採用できていない企業が多くあります。

人件費を高騰させないためには、限られた原資を貢献する人材に分配するという考え方で、年功序列型から実績重視型の給与規定に切り替える必要があります。働き方改革の仕組みができても、人件費が大幅に上昇して経営を圧迫すれば、必然的に待遇面だけでなく労働環境が悪くなります。

利益を上げるためには労働生産性を高める必要があるものの、対策を何も講じないで社員に頑張れというのでは、働き方改革以前の問題としてモチベーションが上がらないだけでなく、健康を害してしまいます。働き方改革を進めるうえで、常に人件費や設備投資にかかる費用がどのくらい増加するのか予測したうえで、経営と絡めて改革を進めていく必要があります。

ポイント

○働き方改革で増加する経費を算出する
○経費増加に伴う経営への影響に注意を払う
○労働生産性を高める方策を講じる

働かなくて良いという風潮になる

働き方改革は、ワーク・ライフ・バランスが取れる生活をしようという主旨で、一見がむしゃらに働かないことが良いように思われがちになります。ライフワーク重視だけに社員の意識が向いてしまえば、仕事への緊張感がなくなり現在黒字の企業でもあっという間に赤字に転落してしまう可能性があります。

法律の施行により、黙っていても休みや給与が増えるという誤った認識が社員に芽生えれば、私生活ばかりに目が向いてしまい、仕事どころではなくなってしまうのです。働き方改革を実践して企業の経営状況が悪化してしまえば、働き方改革どころではなく、安定した生活はできないことを、社員に周知徹底する必要があります。

危機感をあおるだけでは良くありませんが、企業が利益を出すことができて、はじめて社員が長く気持ち良く働けることを社員全員が意識しなければ、働き方改革は上手くいきません。

以前、実施されたゆとり教育は良い面もありましたが、ゆとり教育による能力の低下や様々な弊害が出ています。改革をおこなうときに良い結果だけでなく、改革による弊害や起こりうる問題点を想定して進める必要があります。

働き方改革でゆとりを持って仕事をしようという気持ちが先行して、国内外における企業の競争力が失われていけば、失われた競争力を取り戻すのは、改革を実施する以上に難しいのです。

働かなくて良いという考えではなく、今後、益々企業経営が厳しい時代になるなかで、環境に合わせて効率良く利益貢献していく働き方を目指していくことを社員に理解してもらうことが大切です。

ポイント

○働かなくて良いという風潮になる可能性がある
○伸びきったゴムを戻すのは難しい
○労働条件の改善だけが先行すれば利益を圧迫する

給与が下がることへの反発がある

働き方改革を実践するうえで、原資を確保するために様々な改革を進めなければいけません。

より企業に貢献した社員を適性に評価するために、評価を絶対評価に切り替え、実績重視型の給与体系に変える必要があります。給与規定を実績重視型に変更することで、これまで年功序列で年齢と共に給与が上がってきた社員からは反発があります。

特に実績を出せない社員からは、かなり強い反発があると考えたほうがいいでしょう。反発する社員を簡単に切り捨てるのではなく、社員のモチベーションを落とさないためにも、丁寧に給与規定の改定について説明をする必要があります。

安定した生活ができるための働き方改革でも、潤沢な資金力がない中小企業であれば、働いても働かなくても給与がもらえる状況では、企業存続ができません。

日本では実績重視型の給与が定着しないと言われていますが、社員の貢献に対して正当な評価をおこない、一人当たりの労働生産性を上げていかなければ、今後の企業間の競争に打ち勝つことができません。

反発を覚悟のうえで、将来のビジョンを明確に打ち出し、実績や能力に準じた公平かつシンプルな給与システムを構築してください。

働き方改革では、社員の労働環境や待遇が良くなることを前面に打ち出していますが、企業側からすれば、働き方改革を実施することで社員の反発を買い、経営不振に追い込むリスクがあるのです。

ポイント

- ○ 実績重視型給与への変更で社員から反発がある
- ○ 原資を確保しなければ、働き方改革は実施できない
- ○ 反発を覚悟のうえで進めなければいけない

中高年社員からの反発がある

定年延長や定年制廃止に伴い、企業は長期間の雇用を見据えた人事戦略を構築する必要があります。

特に雇用年齢を引き上げることに伴う人件費を、退職金や役職定年制度の導入などにより経費を削減して補てんすることを検討してください。人件費の原資を確保するためには、中高年の給与を引き下げるだけでなく、これまでの退職金支給額より少なくなる退職金制度の見直しが必要になります。

制度改革を実施することで、長く勤務してきた中高年の社員からは、間違いなく大きな反発があります。

60歳定年ではなく引き続き雇用を維持し、大幅な減給がなく65歳あるいは70歳まで安定して勤務ができることは、中高年社員の大きなメリットになることを丁寧に説明して、理解してもらう必要があります。

中高年社員に向けた60歳以降のキャリアプランなどの研修をおこなうこと

で、将来への不安はある程度払拭できます。

働き方改革で利益が出る企業体質を構築するためには、中高年社員の雇用継続に伴う人件費が問題になるのです。

問題になるのならば、働き方改革などおこなわないほうがいいと考えるかもしれませんが、何もおこなわなければ、間違いなく今後、増え続ける高齢者雇用に伴う人件費の増大が、利益を圧迫します。

ポイント

- ○高齢者雇用に伴い人件費が増加する
- ○給与規定、退職金制度などの変更による反発が予測される
- ○研修を含めて制度改革について丁寧に説明する

高齢者社員が成果を出せない

高齢者雇用が増えていくなかで、配属現場から使えないから配属を希望しないと反発が出ている企業があります。

「年齢が高く使いにくい」「能力が伴わない」「給与が能力に見合っていない」など、現場では多くの不満があります。

こういった現場からの声を無視して、法律で高齢者雇用について決められたから仕方がないという対応では、現場の労働生産性やモチベーションは間違いなく低下してしまいます。

既存社員の定年延長であれば、元上司が部下になる状況が生まれ、現場で良好な人間関係が構築できなくなることも予想できます。

新たな採用であれば、採用段階で高齢者特有の頑固さやキレやすい特徴を見極め、適応力を重視した採用をおこなうべきです。さらに入社後の研修でも高齢者から積極的に溶け込んでいく姿勢を促し、「できません」「覚えられません」

ではなく、どうしたらできるか考えて実行することの重要性を説明していかなければ、高齢者雇用が間違いなく足かせになります。

労働人口が減少していくなかで、高齢者を活用していかなければいけない状況であっても、頭数さえそろっていればいいというわけではありません。

現場の社員が高齢者に対して、これまでキャリアを築いてきた人材であるというリスペクトがなければ、現場の人間関係は上手くいきませんし、高齢者もこれまでの役職などのプライドを捨てて素直な気持ちで新しい環境で積極的に業務を習得していく姿勢で臨まなければ、高齢者雇用は間違いなく行き詰まってしまいます。

ポイント

○高齢者雇用が労働生産性を低下させる
○高齢者の配属を現場が拒否する
○高齢者を生かせなければ経営は行き詰まる

PERSONNEL STRATEGY

格差是正が改善されない

非正規社員から正社員との格差が是正されていないと非正規社員の不満が募るだけでなく、退職に繋がる危険性があります。

正社員と非正規社員との格差について、正社員は年齢給などの加算があり、職務給では同額であっても総額では必ずしも同額ではないことなどを丁寧に説明する必要があります。

同一労働・同一賃金は法律で施行されるものであり、あまりにもかけ離れた賃金であれば、非正規社員からの訴えや、労働基準監督署から是正勧告を受ける可能性もあります。

今後、非正規社員から賃金格差の問い合わせに、明快な回答をおこなううえでも、同一労働・同一賃金をどのように実施しているのかきちんと説明できる体制を構築していく必要があります。

働き方改革が広く浸透していき外部の情報が増えることで、格差が是正されていない企業の非正規社員から、待遇面や労働環境についての不満が多くなることが考えられます。特に今回の働き方改革の目玉である非正規社員と正社員の同一労働・同一賃金による格差是正の法律が施行されることで、より賃金への意識が強くなるでしょう。さらに非正規社員だけでなく正社員同士の賃金格差についても社員から不満が出ることも想定しなければいけません。

非正規社員だけではありませんが、納得できない賃金格差について、自社に労働組合がない場合でも、外部のユニオンを通じて不服申し立てをおこなうケースも増えてくることが予想できます。

ポイント

- ○同一労働・同一賃金についてきちんと説明できるようにする
- ○正社員同士も格差への不満が出る可能性がある
- ○労働基準監督署から是正勧告を受ける可能性を理解する

外国人労働者を生かせない

労働力不足を補うために外国人労働者を雇用するケースが今後増えることが予想されていますが、既存社員と切り離した環境ではなく、積極的に融合できる環境を構築すべきです。

言葉の問題が弊害になりますが、既存社員が積極的に英会話や英語力を高めて、日本語が話せない外国人労働者に対して英語で対応できる状況を目指すべきです。

言葉が通じないからと距離を置いていては、お互いに良い仕事はできません。今後、ますます外国人労働者が増えていくなかで、既存社員の対応が重要なのです。

劣悪な環境で給与を抑えて使えるからという考えで外国人労働者を雇用するならば、その事業が今後も継続できる可能性はなく撤退すべきです。

日本人が海外で働くとき同様の待遇や環境で働くことをイメージできれば、

外国人に対して、ブラック企業のような対応はできないはずです。

同一労働・同一賃金の原則は、外国人労働者も同じです。積極的に既存社員と交流を持たせてお互いが切磋琢磨しながら成長していける環境を構築していくべきです。

外国人労働者の受入れが上手くいかなければ、今後、日本に来日する外国人労働者が少なくなり、企業経営に大きな支障をきたします。一時的な利益確保のために安い給与で働かせることが、今後にどのような影響を及ぼすのか十分理解してください。

ポイント

- ○同一労働・同一賃金で賃金格差をおこなわない
- ○受入れが上手くいかなければ日本の将来はないと自覚する
- ○既存社員と積極的に交流の場を設ける

退職者が増えるリスクがある

年功序列型の給与体系の見直しや退職金の減額、将来に向けた廃止など働き方改革では、人事制度の改革が求められています。特に給与体系を実績・成果型に変えることで、能力がない社員から反発があるかもしれません。

また残業時間削減についても残業代金が生活給になっている社員から、削減などできないと反発があるでしょう。

働き方改革の法令を遵守して企業が経営を維持していくためには、人事制度の改革が必要なのです。

潤沢な資金力がある企業であれば、法令を現状でも取り組むことができるかもしれませんが、ギリギリのところで経営をしている企業であれば、同一労働・同一賃金、残業の割増賃金、有給の義務化、残業の上限時間の設定、さらに高齢者の雇用などは、本来実施しなければいけない当たり前のことであっても、実施することで赤字に転落する可能性があり死活問題なのです。

労働力不足のなかで退職者が出ればさらに厳しい状況に追い込まれますが、不平不満を持った社員を引き留めても良い結果には繋がりません。

働き方改革について納得しない社員に対して、十分説明をおこなったうえでも理解を得られず退職する場合は、引き留めるべきではなく新たな人材を何としてでも採用すべきです。

今後、高齢化社会や労働人口の減少をふまえれば、働き方改革を実施しなくても、遅かれ早かれ給与規定の改定や雇用形態の多様化など、必然的に実行しなければいけない改革なのです。

後述する働き方改革委員会のコンセンサスを得たうえで全社員に落とし込み、必ず実行するという強い意志で取り組むことが大切です。

ポイント

- ○賛同しない社員にも十分に説明する
- ○理解を得られない社員の退職を引き留めない
- ○働き方改革委員会でコンセンサスを得る

COLUMN

企業の視点

働き方改革は、今後の労働人口の減少を踏まえて主婦（夫）や高齢者を活用し、長時間労働や格差を是正してワーク・ライフ・バランスの取れた働き方をしていこうというものですが、企業側の視点で考えると、中小企業に対しても残業の割増率のアップや非正規社員の格差是正などが企業経営に与える影響が懸念されています。

働き方改革は、実は経営改革であり、今後労働力に左右されないロボットやAIを活用した社員を必要としない経営戦略を構築していかなければ、経営が成り立たない時代がやってくる前触れのように感じます。

今後ほとんどの仕事がロボットに置き換えることが可能になり、一部の社員を除いて社員が不要になり、社員もオフィスではなく自宅などでテレワークを使って仕事をおこなう時代になるように思えるのです。

現在の売り手市場から、労働人口が減少しても就職できない時代になれば、別の意味で大変な時代になると考えます。

第3章
社内体制の整備

PERSONNEL STRATEGY

経営者が前面に出て実行する

働き方改革を実践したいと経営者に説明しても、経営者が理解していないことが多いので、人事担当者が改正法案の概要だけでなく自社として今後どのようにすべきか、経営者に提案をしてください。

経費が少なからず発生するため、改善を良く思わない経営者もいますが、人事戦略を構築していかなければ、法律を遵守できないだけでなく、労働力を確保できず企業の存続まで影響することを説明しましょう。

予め自社で取り組むべき戦略を整理したうえで、施行後の経費のシミュレーションを含めて、できる限り具体的に説明します。

経営者のなかには、採用難について一時的なものと捉えて、危機感を持っていないことがありますが、今後の労働人口の減少に加えて、同一労働・同一賃金、残業の上限時間の設定、60時間を超えた割増賃金、有給取得の義務化などを丁寧に説明することで、一定の理解を得られるものと思います。中小企業であれば、経営者自身が率先して働き方改革を実行し、社員と企業の双方が幸せになるために努力を惜しまず取り組んでいく姿勢を示すべきです。

働き方改革では、職務分掌の再構築や給与規定の見直しなどで、社員の理解や協力が必要です。人事部主導でおこなうべきものですが、経営者が改革の委員長として社員の幸せのために全力を尽くしていく姿勢を示すことで、社員のコンセンサスが得られやすくなります。

働き方改革に伴う人事戦略案まで具体的に説明したうえで、経営者の協力を仰いでください。

ポイント

- ○働き方改革について経営者に説明する
- ○人事戦略案について、経費を含めて説明する
- ○経営者が前面で協力してもらえるよう依頼する

社員を巻き込み働き方改革を進める

経営者の協力を取り付けたら、人事主導で働き方改革を進めていきます。働き方改革の前提にあるのは、社員一丸となり利益が出る会社作りをおこない、ワーク・ライフ・バランスの取れた仕事をしていこうという考えを社員共通の認識にすることです。

働き方改革では、労働時間が減少しても利益を確保して賃金が大幅に少なくならないために、全社員が労働生産性向上について考える必要があります。また、労働力不足を補ううえでも高齢者の活用が必要になりますが、高齢者の給与を大幅に減少せず、やりがいを持って仕事がおこなえる環境を構築するためには、自社の退職規定や定年について検討しなければいけません。

やみくもに人材が不足しているなかで労働生産性を上げるように指示を出しても、現在も頑張っている状況では不平不満が募ります。

労働生産性を上げるためには、業務改善やロボットの投入などについても具体的な戦略を構築する必用があります。

働き方改革は、社員が長く安定して仕事をおこなえるための改革であることを前面に打ち出し、そのためには社員の協力が必要であり、全社あげて取り組んでいく改革であることを、人事が中心となり、丁寧に説明し理解してもらうことが大切です。

社員に説明すべき働き方改革の目的

- ○労働人口の減少に伴い、業務の見直しや改善が必用になる
- ○労働時間の削減や有給取得ができる体制作りをおこなう
- ○主婦(夫)や高齢者が働ける環境作りをおこなう
- ○テレワークなどの環境を整え、働き方を変えていく
- ○実績重視型の給与体系に変更し、能力に応じた給与体系を構築する

対応を誤れば会社の存続に関わる

非正規社員の格差是正や全社員の有給の義務化、労働力が不足していくなかでの採用経費の高騰などから、人事戦略の対応を誤れば利益がなくなり会社の存続そのものに影響します。

今後予測される大きなリスクとして、社員が採用できないため企業運営に支障をきたす問題と共に、働き方改革の法令変更に伴い、人件費が高騰して利益が減少する点があげられます。

特に社員が採用できないことから給与を引き上げ、全社の給与が上がってしまう危険性があります。人件費だけ高騰し労働生産性が上がらなければ、利益が少ない中小企業であれば死活問題です。

労働生産性を上げて人件費を確保するためには、ロボットやＡＩの活用を考えていく必用があります。

最近の例をあげれば、スーパーマーケットにおける無人レジやアパレル店舗に在庫を置かず試着のみで注文はネットでおこなうことで、人件費の削減に繋がっています。また、飲食店のメニューの注文をタブレットでおこなうことも人件費の削減に繋がっています。

業種や企業により異なりますが、近い将来労働人口が20％減少することを見据えてロボットやＡＩの活用を考えていく必用があるのです。

具体的な改善策を示さず、ただ労働生産性を上げることを社員に求めれば、モチベーションが下がってしまい働き方改革どころではありません。社員の働き方や仕事の方向性に柔軟に対応できる改革が求められているのです。

ポイント

- ○人件費の高騰が経営を圧迫する
- ○休日や労働時間が減少しても労働生産性を高める仕組みを構築する
- ○ロボットやＡＩの対応で労働力不足を補い労働生産性向上を目指す

人件費のシミュレーションをおこなう

働き方改革に基づく人件費の増加、雇用形態の多様化に伴う主婦(夫)層や高齢者社員の増加などを踏まえて、少なくても今後10年間で予測される人件費のシミュレーションをしてください。

定年退職制の企業であれば、退職に伴う人件費と退職率から人件費削減金額を出して、既存社員の人件費と新卒、中途採用に伴う人件費、働き方改革に伴う人件費増額分を加味して人件費を予測します。

人件費や採用経費が高騰になることを踏まえて、どのような経費の流れになるのか予測しておかなければ、対策を講じることはできません。

経営計画と関連させて人件費の増減を算出したうえで、ロボットなどの設備投資についても検証します。

人件費シミュレーション

20○○年 社員人数	人件費	前年対比	予測総金額	人件費率	主な取り組み
20○○年 社員人数	人件費	前年対比	予測総金額	人件費率	主な取り組み
20○○年 社員人数	人件費	前年対比	予測総金額	人件費率	主な取り組み
20○○年 社員人数	人件費	前年対比	予測総金額	人件費率	主な取り組み
20○○年 社員人数	人件費	前年対比	予測総金額	人件費率	主な取り組み
20○○年 社員人数	人件費	前年対比	予測総金額	人件費率	主な取り組み
20○○年 社員人数	人件費	前年対比	予測総金額	人件費率	主な取り組み
20○○年 社員人数	人件費	前年対比	予測総金額	人件費率	主な取り組み
20○○年 社員人数	人件費	前年対比	予測総金額	人件費率	主な取り組み
20○○年 社員人数	人件費	前年対比	予測総金額	人件費率	主な取り組み

【人件費の内訳】
- 現状（前年）の既存社員の人件費 ……（A）
- 働き方改革に伴う人件費増額分 ……（B）
  ※改革方針が決まっていない場合は、既存社員の人件費15%で計算
- 新入社員人件費（新卒・中途採用・高齢者・主婦（夫）……（C）
- 退職予定者の人件費削減額分 ……（D）

A＋B＋C－D＝人件費総額

人件費増額分の影響を検証する

働き方改革法案・改正高齢者安定法施行に伴う人件費増額を算出して現状を把握します。

- 残業時間60時間以上の割増増加(中小企業)
- 非正規社員の格差是正に伴う金額
- 現状有給が取得できていない状況であれば5日分を全社員に付与したときの金額を算出(月換算)
- 以上の合算金額から月額の人件費増額を算出
- 60歳以降の今後の人件費増額を算出(前年対比)

人件費増額分のシミュレーション

残業時間が月60時間を超える社員がいる人数(　　)人
超える時間約(　　)時間

【A】人件費増大額　　　　　円（月換算）

有給休暇5日の義務化に伴い前年より増える予測日数
増える有給日数計約(　　)日

【B】現金換算増額　　　　　円（月換算）

非正規社員の格差是正に伴う該当人数(　　)人
一人当たりの増額率(　　)％

【C】増額金額　　　　　円（月）

【E】A＋B＋C　人件費増額　　　　　円（月）

【D】月換算経常利益　　　　　円（月）

・E／Dの％を少なくても20％以内に抑える
・100％を超えれば赤字になる

PERSONNEL STRATEGY

非正規社員の正社員登用のメリット・デメリット

非正規社員の同一労働・同一賃金の是正が施行されていくなかで、改めて非正規社員の在り方について考えてみましょう。派遣法により原則として3年間しか派遣社員として働いてもらうことができなくなった現状で、非正規社員から正社員への登用に伴うメリットとデメリットを考える必用があります。

派遣社員以外は、非正規社員でも一定の労働時間勤務すれば社会保険料や雇用保険、労災保険の費用が自社で発生しますので、特にロボットの導入が難しい仕事であれば、スキルのある非正規社員を正社員に登用するメリットは十分にあると考えます。退職金制度がある企業では、非正規社員が正社員になることで、退職金が増額になり退職金制度について検討すべきですが、求職者の有期雇用ではなく安定して勤務したいという要望に応える意味でも正社員の増加はデメリットではなくメリットに繋がります。

経営状況による人員調整が難しくなるという懸念もありますが、社員が不足して操業できない危険性も考慮すれば、解雇規定をきちんと設けたうえで、能力を引き上げるためのマニュアルの整備や研修をおこない解雇しない職場作りを目指すべきです。事業計画と照らし合わせて将来、社員数が不足する場合は、能力があり企業を良くしていく意識と行動力がある非正規社員であれば、正社員登用のメリットは十分にあります。

非正規社員から正社員登用のメリット

○スキルや経験を生かせる
○安定した勤務が期待できる
○帰属意識がありモチベーションが高い

非正規社員から正社員登用のデメリット

○経営状況による人員調整が難しくなる
○解雇が難しくなる
○退職金や賞与対象者になる

PERSONNEL STRATEGY

ワークシェアの概念を検討する

ワーク・ライフ・バランスを考えれば、今後、様々な働き方が予測できます。正社員雇用であっても短時間正社員として働くケースも考慮すべきです。これまでのように週40時間労働ではなく、それぞれの状況に合わせて仕事をシェアする考え方を取り入れてみることを検討してください。

主婦(夫)から高齢者までの雇用を考えたとき、一人で全てをまかなう働き方から時間を細分して成果を上げていく体制を構築する必要があります。

短時間の勤務ではスキルが追いつかないというのであれば、マニュアルを整備し誰でも取り組める状況を作ります。

今後、働き方改革では、労働時間が現在の年間2000時間を超える状況から、ヨーロッパ並みの1800時間程度まで削減することが求められていくでしょう。そのためには、一人の社員に負荷をかけずに、仕事をシェアしていく仕組み作りを実施する必要があるのです。

ライフバランスを保ちながら一定水準の生活ができる社会を実現するためには、非正規労働者の賃金の是正だけでなく正社員登用も検討すべきですが、同時に非正規社員を有効に活用し労働生産性を上げていかなければ、人件費の高騰だけで終わってしまいます。

ワークシェアを取り入れる企業は、副業を推奨すべきです。一つの仕事に固執せず副業でも活躍できることでワークシェアが成り立ちます。これからは主婦(夫)や、高齢者のモチベーションを高めながら働いてもらい人員不足を補う必要があります。

長時間勤務できる正社員でなければできない仕事という概念を切り捨て、ワークシェアしても一定の水準の仕事ができる体制を構築してください。

ワークシェアを取り入れるためにおこなうこと

- ○短時間正社員制度を導入する
- ○マニュアルを整備し一定の水準を保つ
- ○副業を推奨する

業務委託を検討する

社員の減少に伴う戦力の低下を補うために、外部の企業や専門家に委託する業務委託について検討してみてください。多くの職種で業務を委託することが可能です。業務委託のメリットは、安定した仕事の質や成果が期待でき、労働不足を補うことができます。

業務委託は、通常契約期間を締結して委託をしますので、企業の経営状況に合わせた依頼ができる点もメリットです。採用経費や労働力不足による仕事の質の低下を防ぐためにも、自社でどの分野の業務委託が可能かどうか、十分検証してみる必用があります。今後の労働人口減少を想定したとき、業務を委託で経営を維持していかなければいけないことも十分予測できます。

自社の社員は、企画のみで経理、人事、営業、総務といった業務を全て業務委託でまかなう時代がすぐにやってくるかもしれません。業務委託は通常、委託された分野ではプロの集団であり、自社で社員を育成するより経費が抑えられるケースもあり、安定した質の高い仕事が期待できるかもしれません。

業務委託のメリットとデメリットを理解したうえで、導入するかどうかの検討ではなく、労働力不足に対応するためにどのように導入すべきかかという視点で検討すべきです。

業務委託のメリット

○労働力不足を補える
○質の高い仕事が期待できる
○自社の問題点を補うための要望を出せる
○会社の状況に合わせて利用できる

業務委託のデメリット

○経費が増大する可能性がある
○指示・命令権がないため成果が落ちる可能性がある
○原則として委託した範囲の業務になる

PERSONNEL STRATEGY

できないという考えを払拭しチャンスと捉える

働き方改革など自社の経営状況ではできないという考えが先に出てしまえば、何もできません。この先、間違いなく労働人口が減少し、採用できない時代になります。売り手市場の現在では、中小企業だけではなく大手企業でも優秀な人材が採れないと嘆いている企業が多くあります。

働き方改革を実行しないことで、残業が多く休みも取れない会社の実態に不満を抱き、社員の離職が続くかもしれません。

「できない」から入らず、働き方改革は「やらなければいけない」改革であり、社員がワーク・ライフ・バランスの取れる生活ができ、幸せになるための改革だと捉えて、できない理由を払拭することが大切です。

改善、改革には少なからず経費が伴い、経営状況が悪いなかでは、なかなか取り組みにくいのですが、できないと躊躇してしまえば、この先いつまでたっても働き方改革は実現できないでしょう。

人件費が高騰して利益を圧迫している企業は、本当にムダがないか十分検証してみる必用があります。ベテランでなくてもできる業務に高い給与の社員を配置しているケースもあります。

人が採れないため労働時間の削減ができず、人件費や採用経費が高騰して利益を圧迫してしまうことが、働き方改革が実行できない大きな理由なのです。

人件費が高騰しても利益を出すためには、一人当たりの人件費を抑えるか、労働生産性を高めてより利益の出る体質にするしかないのです。

ポイント

- ○ できない理由を具体化する
- ○ できない理由をどうしたらできるか考える
- ○ やらなければいけないと捉える

社員に働き方改革を浸透させる

働き方改革が、実績主義の給与規定に変更になり給与が下がる可能性があることだけ打ち出されると、誰も改革などおこないたいと思わず、社員の共感を得られません。働き方改革は、人生１００年時代を迎えるにあたり、ワーク・ライフ・バランスを重視し健康で長く安定した仕事ができるための改革だということを、社員に周知徹底する必用があります。

経営者と人事が主導で強引に給与規定や労務規定を変更すれば、労働生産性が落ちるだけでなく、離職者が出てしまう危険があります。

働き方が変わることで、社員の健康だけでなくライフワークも充実した生活ができるのです。そのためには、社員が一丸となって働き方改革が実現できるように頑張る必要があります。

大幅な利益留保ができている大企業であれば、利益の若干の減少だけで企業が存続できるかもしれませんが、ギリギリの利益で経営をしている企業であれば、人件費が数パーセント高騰しただけでも、黒字から赤字へ転落してしまう可能性があります。

働き方改革実現のためには、人事考課制度の改定、給与規定、退職金規定の見直しなどをおこなう必要があり、社員の理解が欠かせないのです。

社員への説明では、新たな給与規定や退職金規定案だけでなく、労働生産性を上げるためのロボットやＡＩの導入など、具体的な今後の方策まで踏み込んだ説明をすべきです。

社員への説明の注意点

- ○働き方改革は、社員のための改革であることを説明する
- ○労働人口の減少に伴う企業の対応策を説明する
- ○やるかやらないかではなく、やらなければ明日がないことを説明する

働き方改革委員会を設置する

働き方改革を実現させるためには、人事主導でおこなうものの、社員のための改革として社員自ら考えていくことが大切です。具体的には、各部署から代表者が参加して、各部署の職務分掌を作成し、効率的に仕事をおこなうために部署間で協力できることを洗い出します。

各部署で独立採算制を導入している企業は、各部署がカンパニーとなり利益を追求していく点でメリットがありますが、自部署の成果を追及するあまり、部署間の協力がなくスケールメリットが生かされていないことがあります。

例えば支店ごとの経理部門をクラウドで一括管理をおこなうことで、人員や人件費の削減が可能です。統括できる業務は一つにまとめておこなうことで、業務の削減だけでなく人件費も減らすことができるのです。

働き方改革委員会で考えることは、部門間の横の繋がりを強化してスケールメリットを出すだけでなく、机上の空論ではなく実行力のある改革が期待できるのです。

また今後の労働人口減少を見据えたロボットなどの導入についても、導入するかしないかではなく、どうしたら経費を抑えて効果のある導入ができるか、考えていくべきです。

働き方委員会が自分達の仕事を見直し、ムダ、ムリを排除し生産性が上がる仕事ができるためにおこなうべきことを自覚し、自部署の社員に落とし込んでいくことで、働き方改革が実現できるのです。

働き方委員会がやるべきこと

○自部署の業務を分析し職務分掌を整備する
○他部署と共有できる業務を洗い出し経費を削減する
○ロボットの導入などの検討をおこなう
○行動指針をまとめる（クレド）

職務内容を書き出す

職務分掌に基づき、人事が主導になり各部署でおこなっている業務を詳細に書き出してもらいます。仕事は、毎日おこなうものもあれば1週間に1回、1カ月に1回、半期や1年に1回など、おこなう頻度も分けて記載します。さらに役職に伴い行う職務も書き出します。

分類した職務の標準時間、難易度、必用なスキルを記載し、各部署の職務内容を作成しデータベース化します。作成したものをベースに、部署間の垣根を取り共有できる仕事や、ロボットやＡＩに対応できる仕事がないか、洗い出しをおこないます。

また、働き方改革では成果を重視した人事考課に基づく給与規定の見直しが必要になります。

年功序列型の給与規定では、労働生産性を高めることができず、残業や労働時間の削減は難しいのです。実務能力を重視した人事考課のベースを作成するためにも職務内容の分析が重要なのです。

作成された職務内容から、自宅でもできる仕事がないか、外注に出したほうが効率が良いものがないかなどを検討して、職務内容の見直しもおこないます。

日常おこなっている業務の洗い出しは時間と労力を必要とするため社員から反発があるかもしれませんが、働き方委員会が中心となり、全社一丸となり取り組んでいく必要があります。

職務内容表の作成

○おこなっている業務について詳細に頻度を記載して書き出す
○分離したものの標準時間、難易度を書き出す
○各部署でまとめたものをデータベース化する
○同一労働・同一賃金のベースとして活用する

職務内容表　<事例>職務分掌(人事部)

事項	業務内容	標準時間	難易度	必要なスキル
従業員の募集および採用に関する事項	新卒採用業務の求人募集手配			
	学校への求人票手配			
	中途採用の求人手配			
	応募者への対応			
	会社説明会の開催			
	採用試験の実施			
	内定後の手続き			
	内定者研修の実施			
	受入れ準備			
	求人戦略の構築			
人員の配置および異動に関する事項	適材適所の人事配置案の作成			
	異動に伴う諸手続き			
人事考課に関する事項	人事考課の実施			
	人事考課の改善			
	人事考課の集計			
	人事考課制度の構築			
退職に関する事項	退職に伴う備品回収			
	退職に伴う社会保険業務			
	解雇、退職勧奨に伴う業務			
教育に関する事項	社員研修の運営			
	業務マニュアルの整備			
給与、賞与および退職金に関する事項	給与支給業務			
	賞与支給業務			
	退職金支給業務			
	給与規定の構築			
労務に関する事項	労務規定の構築			
	就業規則の構築			
社会保険に関する事項	健康保険に伴う申請業務			
	厚生年金に伴う申請業務			
福利厚生に関する事項	福利厚生運営業務			

職務マニュアルを整備する

あなたの会社には、職務内容に基づくマニュアルがありますか？　特定の社員しかできない業務が多いと、特定の社員の労働時間が増加し労働負荷がかかりますが、相当レベルの高い職務でなければ、多くの職務はマニュアルを作成し、他の社員でも共有できるはずです。

職務内容表をベースに、具体的なマニュアルを作成することで、特定の社員しかできない仕事が減少し、特定の社員に集中しない分散した仕事が可能になるだけでなく、効率的かつ生産性の高い業務が遂行できるのです。

自分の仕事を他人に渡したくないため「マニュアルなどできない」と抵抗があるかもしれませんが、働き方改革を実践するうえでは、マニュアルを利用し、特定の社員に集中せず誰でも取り組める仕事を増やさなければ、労働時間や人件費の削減はできません。

各職務のマニュアルを整備することで、これまで社員しかおこなえなかった仕事が、新人社員や非正規雇用の社員でもできるようになれば、一人当たりの労働時間が削減されて、人件費の削減にも繋がります。

各部署から提出されたマニュアルを人事が取りまとめて、製本や映像化してください。マニュアルは会社の財産であり、特定の個人の頭のなかにあるものではありません。

職務マニュアルが整備されていることで、社内の異動も容易にできるようになり、効率的な人事配置が可能になります。

マニュアル作成を外部にアウトソーシングしてでも、職務別のマニュアルを整備することが、今後の労働生産性を高めることに繋がるのです。

職務マニュアルを整備する

○特定の社員に偏らない体制を構築する
○職務別マニュアルを作成する
○マニュアルを新人社員の活用に繋げる

ムダ、ムリを排除する

　働き方改革では、仕事のムダ、ムリを排除しなければ実現できません。残業が当たり前という部署では、効率を重視せず非効率的な仕事をおこなっているケースがあります。

　仕事が終わっているのに、上司や先輩社員が残っているため帰社できないと嘆いている社員もいます。

　サービス残業で残業代が支払われない企業では、会社への不満が募り離職率が高いことも多いのです。「辞めたい者は辞めればいい。去る者追わず」と語る経営者がいますが、新たな採用経費だけでなく、社員が定着しないため労働力が低下している状況を理解しているとは思えません。

　一方、残業代が生活費になっている社員は、仕事の効率を追求せずダラダラと仕事をおこなうケースがある一方、人員不足のために社員に負荷がかかり、健康や精神を害するケースも増えてきています。

優秀な人材でもムリが続けば、成果が上がる仕事はできません。「人がいないから仕方がない」「新人だから無理をしても仕方がない」と考えている企業は、劣悪な労働環境のため定着率が悪くなり衰退していきます。

残業が削減できないという主張に対し、マニュアルの整備や短時間正社員を増やして労働時間を削減するなど、どうしたら削減できるのか具体的な方策を講じる必用があります。

改革には、抵抗や反発もありますが、理不尽なものに対しては、断固として立ち向かうべきです。

ポイント

- ○ムダがないか長時間労働の原因を分析する
- ○ムリは長く続かないと理解する
- ○理不尽な抵抗や反発には断固として立ち向かう

労働生産性を全社員が意識をする

働き方改革を実現するためには、労働生産性の向上がキーワードになります。労働生産性を高めていくためには、職務能力を高め仕事のムダやムリを排除する必用があります。

労働生産性は、企業の利益などの付加価値に対してどれだけ労働者数を投入したかという数値で、「産出量／労働投入量」として算出できます。

労働生産性を向上させることで、長時間労働が是正されるだけでなく、人件費に余裕ができ、子育てや介護といった家庭の事情で時短勤務せざるを得ない優秀な人材の登用に繋がります。

ワークライフバランスを実現させるためには、労働生産性の向上が欠かせませんが、ただ頑張れというだけでは、現場に不満が生じて改善はできません。

職務に対しての適切な時間管理や成果の評価をおこなうことで、労働生産性を高めることができますが、誰でも成果が上げられるためのマニュアルを導入し、さらにロボットの導入やクラウドを活用したシステムを活用するなど、ハード面における具体的な改善策を落とし込む必用があります。

ロボットやクラウドを利用したＩＴシステムも充実してきていますので、積極的に活用してくことが労働生産性を高めるだけでなく、質の高い成果に繋がるのです。

労働時間重視から成果型の経営に転換するうえでも、社員が労働生産性の重要性を認識して、数値を上げていくことが必用不可欠になります。

ポイント

- ○労働生産性を高める方策を検討する
- ○マニュアル化でレベルの高い成果を上げる
- ○クラウドやロボットを活用する

PERSONNEL STRATEGY

キャリアシートを作成する（やるべきことの見える化）

働き方改革では、業務の効率化や労働生産性を高めることが不可欠ですが、そのためには、新人が仕事に取り組むためのマニュアルと共に、やるべきことが具体的に記載されており、評価を本人と上司がおこなうキャリアシートが重要な役割を担います。

キャリアシートは、職種、役職別にやるべき業務を詳細に記載し、本人がチェックをしながら仕事を進めます。業務により異なりますが、3カ月もしくは6カ月に一度、上司が評価したものと本人評価とすり合わせて、スキルを高めていきます。

本人が「できている」と考えていても上司がそう捉えていない場合、不足している能力について具体的に指摘をして、職務能力を高めます。

これまでの人事考課のフィードバックでは、どの部署にも当てはまる抽象的な内容が多く、上司が部下に説明することが難しかったのですが、職務と合致したものであれば、より具体的に指導ができます。

職務マニュアルと共にキャリアシートを活用することで、やるべきことの見える化が実現します。

実務能力、成果型の絶対評価に変更するうえで、キャリアシートを人事考課や昇給に汎用することができます。

働き方改革では、労働力不足を補うためにも、主婦(夫)や高齢者の活用が不可欠です。年令に関わらず、仕事の成果や能力と連動した給与体系を構築するうえで、キャリアシートの活用が重要な役割を担うのです。

ポイント

- ○ 職種、役職別に業務でおこなうべきことを落とし込む
- ○ 一定の期間ごとに上司と本人の評価をすり合わせる
- ○ キャリアシートを人事考課に汎用させる

キャリアシート ＜事例＞一般社員（人事部）

氏名＿＿＿＿＿＿＿ 実施時期 年 月

事項	業務内容	本人チェック	上司チェック
従業員の募集および採用に関する事項	新卒採用業務の求人募集手配をおこなえる		
	学校への求人票手配ができる		
	中途採用の求人手配ができる		
	求人原稿内容のチェックができる		
	応募者へ円滑な対応ができる		
	会社説明会の開催準備ができる		
	採用試験の流れを理解し事務処理ができる		
	内定後の事務手続きができる		
	内定者研修の事務処理ができる		
	新入社員受入れ準備ができる		
人員の配置および異動に関する事項	人事異動に伴う諸手続き（寮の手配など）ができる		
人事考課に関する事項	人事考課の事務的な運営ができる		
	人事考課の集計業務ができる		
入社・退職に関する事項	入社・退職に伴う社内事務手続き、備品準備、回収ができる		
	入社・退職に伴う社会保険・雇用保険業務手続きができる		
	離職票の作成ができる		
教育に関する事項	社員研修の事務手続きができる		
給与、賞与および退職金に関する事項	給与支給事務業務ができる		
	賞与支給事務業務ができる		
	退職金支給事務業務ができる		
社会保険に関する事項	健康保険に伴う申請業務ができる		
	厚生年金に伴う申請業務ができる		
福利厚生に関する事項	福利厚生運営に伴う事務業務ができる		

・問題なく遂行できる4点　・ほぼ遂行できる3点　・ややできていない2点　・できていない1点

小計＿＿＿＿点　キャリアシート(4点×23　満点92点)

人事考課を絶対評価に変える

勤務時間ではなく実務能力や成果で管理するためには、人事考課も実務能力や成果に準じた絶対評価に変更する必用があります。

前述したキャリアシートが職務能力と連動しているので、キャリアシートに加えて目標管理シートによる達成度を評価することで、実績、成果を重視した絶対評価の人事考課になります。

働き方改革を実践するうえで、年令や勤続年数ではなく、求められている人材としての実績や成果を評価の対象にしていくべきです。さらに人事考課と連動した給与体系も能力に準じた給与規定にすべきです。

年功序列型の中高年に高待遇な給与体系ではなく、年令を問わず実績を評価する給与体系であれば、若年層のモチベーションを高めることもできます。また期の始めに本人と会社が承認した目標達成度についても、人事考課の項目に加えます。

これまで高齢者の再雇用で大幅な減額をおこなう企業がありましたが、実績や成果で評価する仕組みでしたら、優秀な高齢者は、大幅な減額をせずに仕事を継続することが可能になります。

社員が納得できる評価制度でなければ、モチベーションが下がり成果に繋がりません。キャリアシートの活用は、営業系だけでなく事務系でもスキルや能力を見極めることが可能です。

人事考課で考課者が被考課者にフィードバックする際も、職務能力を中心とした評価を具体的におこなうことができます。

労働生産性を高めるためには、社員一人一人の能力を正当に評価する仕組みが重要なのです。

ポイント

○実績をベースに絶対評価をおこなう
○キャリアシートと目標達成度をベースに人事考課をおこなう
○社員が理解しやすい人事考課をおこなう

目標管理シート

期前
今期目標（本人記述）
上司所見記述
確定した今期目標
期後
目標達成度について（本人記述）
上司所見記述

目標達成度点数（最高8点）＿＿＿＿＿点
総合点（満点100点）＿＿＿＿＿点

※キャリアシートと目標管理の達成度を人事考課として評価する。

PERSONNEL STRATEGY

役職定年制導入を検討する

若年層のモチベーションが低下する原因として中高年の役職者の停滞があげられます。必ずしもどの企業に当てはまるわけではありませんが、今後、高齢者の雇用延長が一般的になると、中高年役職者の賃金が経営を圧迫し、経営に支障をきたします。

中小企業などで中高年社員の活躍が経営面で切り離せない場合は別ですが、一定の年令で役職を打ち切る制度を導入することで、役職者の停滞を防ぐだけでなく、実績や能力に基づいた社員を役職者として任命できるようになります。人事考課で正当な評価をおこない、年齢に関係なく実績や能力に基づき役職を任命できれば、風通しの良い企業になるのです。

労働人口の減少により今後、高齢者、主婦（夫）層だけでなく、外国人労働者の受入れも視野に入れなければいけないなかで、人事制度は誰もが理解し納得できるシンプルなものにする必要があります。

役職定年により役職手当が支給されなくなり職能給も減額されますが、数年間は大幅な減給を避ける処置を講じることも検討してください。

長期間に渡り役職に就くことで、社内外で不正が発生する原因になることがありますし、一部の役職者に仕事の負荷がかかる可能性があります。

仕事だけの人生ではなく、ワーク・ライフ・バランスの取れた生活を送るためにも、一定の年令で役職を打ち切る制度と同時に、60歳以降のキャリア形成について、社内研修やセミナーなどをおこない中高年社員の意識改革をおこなうことも忘れてはいけません。

ポイント

○風通しの良い組織作りのために役職定年制を導入する
○成果、実績に基づいて役職者を任命する
○60歳以降のキャリア形成についてセミナーを実施する

定年制を見直す

改正高年齢者雇用安定法に基づき、高年齢者雇用がすでに実施されていますが、定年制はこれまでのままで、本人希望により65歳まで雇用している企業が多いと思います。

平均寿命が延びて年金支給開始時期が遅くなることを踏まえると、60歳定年が現状に即しているとは言えません。60歳定年で大幅な減給をおこない再雇用する状況では、社員のモチベーションも下がります。再雇用ということで給与を大幅に減給している企業も今後、同一労働・同一賃金の原則が適用されて、違法と判断される可能性があります。

今後、定年を65歳に引き上げることや、定年制度そのものを廃止してしまうことも検討が必要になります。能力に問題がなく健康状態が良好であれば、今後65歳から70歳まで雇用する時代が間違いなくやってきます。

労働生産性を落とさず経営を維持していけるかがポイントになりますが、医師の健康診断や仕事を継続できる条件を設けたうえで、定年という概念を捨てて、元気で働けるうちは雇用を継続していく制度が、働き方改革で求められているものなのです。

高齢者雇用では、適材適所の配置も重要です。仕事の効率を考えれば、原則としてこれまでの経験を生かしながら仕事を継続できる体制を構築する必要があります。以前の55歳定年から60歳になり、今後65歳に引き上げられていくなかで、現在は定年という概念がなくなる課程と言えます。

今後、社員の状況に合わせた雇用をおこない社員の能力を引き出せる企業が、労働人口が減少しても生き残っていける企業なのです。

働き方改革を機会に、定年退職の在り方について検討してみてください。

ポイント

- ○定年制度がなくなる課程と捉える
- ○今後65歳から70歳までの雇用を想定する
- ○高齢者が安心して働ける環境を整える

PERSONNEL STRATEGY

給与制度を見直す（職能給の見直し）

同一労働・同一賃金を実施するうえでも、給与規定の見直しが必要です。限られた原資のなかで、実績や能力を重視した給与体系であれば、これまでの年功序列型給与から、キャリアシートや目標達成度をベースにした給与規定に変更すべきです。

複雑な給与体系では、社員がどのように評価されて給与が決定されているか理解できずモチベーションが上がりません。職務に対してどれだけ貢献できているかという判断基準で給与を決めるならば、年齢給の廃止や金額のウエイトを抑えた設計にすべきです。年齢給を残す場合は、50代の一定の年齢から年齢給の昇給をなくして同一額もしくは減給すべきです。

シンプルな給与規定では、横軸に一般職、主任クラス、課長クラス、部長クラスもしくは課長補佐クラス、部長補佐クラスを加えた4つから6つの軸を作り、縦軸はキャリアシートと目標管理シートの達成度を点数化して6段階から

10段階（50ポイント未満、50～60ポイント以下、61～70ポイント以下・・・）程度に振り分けて基本給を決めます。短時間正社員や非正規雇用社員であれば、正社員の労働時間をベースに勤務時間の割合を出して、差し引いた基本給で構成します。役職定年を導入して一般職になったときは、一定期間は、1段階下に留めるなど大幅な減給は避けるべきです。

ベースアップは、原則として年齢給や勤続給だけに留めるか、ベースアップという概念をなくして能力に応じて昇給や減給が可能な給与体系を検討することで、実務能力や成果に即した給与体系が構築できます。

賞与も実績を重視したものであれば、基本給をベースに算定することで、より公平に賞与が支給できます。

ポイント

○キャリアシートをベースに給与規定を構築する
○実績がベースのため減給もありうる
○同一労働・同一賃金の原則で構築する

給与規定例（年齢給あり・役職定年あり）

年齢給を残して中高年役職者の切り替えをおこないたい企業

A：年齢給（円）

年齢	年齢給
18	30,000
19	31,500
20	33,000
21	34,500
22	36,000
23	37,500
24	39,000
25	40,500
26	42,000
27	43,500
28	45,000
29	46,500
30	48,000
31	49,500
32	51,000
33	52,500
34	54,000
35	55,500
36	57,000
37	58,500
38	60,000
39	61,500
40	63,000
41	64,500
42	66,000
43	67,500
44	69,000
45	70,500
46	72,000
47	73,500
48	75,000
49	76,500
50	78,000
51	78,000
52	78,000
53	78,000
54	78,000
55	78,000 ← 役職定年
56	78,000
57	78,000
58	78,000
59	78,000
60	78,000
61	50,000
62	50,000
63	50,000
64	50,000
65	50,000
66	50,000

B：職能給（円）

役職		一般社員	主任クラス	課長クラス	部長クラス
ポイント		4等級	3等級	2等級	1等級
1	50P未満	170,000	210,000	300,000	430,000
2	50～60P	174,000	215,000	310,000	450,000
3	61～70P	178,000	220,000	320,000	470,000
4	71～80P	182,000	225,000	330,000	490,000
5	81～90P	186,000	230,000	340,000	510,000
6	91～100P	190,000	235,000	350,000	530,000

※キャリアシートと目標管理シートの達成度を点数化する。
※役職定年後3年間は役職より1等級下がった役職給及び等級の最上位で計算する。
※55歳以降年齢給は減給、60歳以降なし

C：役職手当（役職定年55歳）（円）

役職	主任クラス	課長クラス	部長クラス
手当	30,000	70,000	100,000

（例）（円）

26歳	一般社員	手当	月額給与	×12ヵ月	賞与	年収
42,000	190,000 (4-6)	49,400 (30時間残業)	281,400	3,376,800	712,500	4,089,300

34歳	主任クラス	役職手当	月額給与	×12ヵ月	賞与	年収
54,000	230,000 (3-5)	30,000	314,000	3,768,000	862,500	4,630,500

54歳	部長クラス	役職手当	月額給与	×12ヵ月	賞与	年収
78,000	510,000 (1-5)	100,000	688,000	8,256,000	1,912,500	10,168,500

課長54歳		役職手当	月額給与	×12ヵ月	賞与	年収
78,000	320,000 (2-3)	70,000	468,000	5,616,000	1,200,000	6,816,000

役職定年（課長）		役職手当	月額給与	×12ヵ月	賞与	年収
78,000	235,000 (2-3)	30,000	343,000	4,116,000	881,250	4,997,250

役職定年経過3年以降（58歳時）		手当	月額給与	×12ヵ月	賞与	年収
78,000	190,000 (4-6)	57,100 (30時間残業)	325,100	3,901,200	712,500	4,613,700

※賞与額は、賞与原資を職能給総額で割って分配する。
例）賞与原資　1500万円
　　職能給総額　800万円　　職能給×1.875カ月分

給与規定例(年齢給あり・役職定年なし)

中高年役職者を継続して活用したい企業

A：年齢給(円)

年齢	役職定年なし
18	30,000
19	31,500
20	33,000
21	34,500
22	36,000
23	37,500
24	39,000
25	40,500
26	42,000
27	43,500
28	45,000
29	46,500
30	48,000
31	49,500
32	51,000
33	52,500
34	54,000
35	55,500
36	57,000
37	58,500
38	60,000
39	61,500
40	63,000
41	64,500
42	66,000
43	67,500
44	69,000
45	70,500
46	72,000
47	73,500
48	75,000
49	76,500
50	78,000
51	78,000
52	78,000
53	78,000
54	78,000
55	30,000
56	30,000
57	20,000
58	20,000
59	20,000
60	0
61	0
62	0
63	0
64	0
65	0
66	0

B：職能給

(円)

役職		一般社員	主任クラス	課長クラス	部長クラス
ポイント		4等級	3等級	2等級	1等級
1	50P未満	170,000	210,000	300,000	430,000
2	50～60P	174,000	215,000	310,000	450,000
3	61～70P	178,000	220,000	320,000	470,000
4	71～80P	182,000	225,000	330,000	490,000
5	81～90P	186,000	230,000	340,000	510,000
6	91～100P	190,000	235,000	350,000	530,000

※キャリアシートと目標管理シートの達成度を点数化する。
※55歳以降年齢給は減給、60歳以降なし

C：役職手当

(円)

役職	主任クラス	課長クラス	部長クラス
手当	30,000	70,000	100,000

(例)

(円)

26歳	一般社員	手当	月額給与	×12ヵ月	賞与	年収
42,000	190,000 (4-6)	49,400 (30時間残業)	281,400	3,376,800	712,500	4,089,300

34歳	主任クラス	役職手当	月額給与	×12ヵ月	賞与	年収
54,000	230,000 (3-5)	30,000	314,000	3,768,000	862,500	4,630,500

54歳	部長クラス	役職手当	月額給与	×12ヵ月	賞与	年収
78,000	510,000 (1-5)	100,000	688,000	8,256,000	1,912,500	10,168,500

課長54歳		役職手当	月額給与	×12ヵ月	賞与	年収
78,000	320,000 (2-3)	70,000	468,000	5,616,000	1,200,000	6,816,000

課長55歳		役職手当	月額給与	×12ヵ月	賞与	年収
30,000	320,000 (2-3)	100,000	450,000	5,400,000	1,200,000	6,600,000

課長60歳以降		手当	月額給与	×12ヵ月	賞与	年収
0	320,000 (2-3)	100,000	420,000	5,040,000	1,200,000	6,240,000

※賞与額は、賞与原資を職能給総額で割って分配する。
例）賞与原資　1500万円
　職能給総額　800万円　　職能給 × 1.875 カ月分

給与規定例（在籍給あり・役職定年あり）

年功状列ではなく、在籍年数による昇給と役職定年を盛り込む

A：在籍給（円）

在籍	年齢給
1	1,000
2	4,000
3	7,000
4	10,000
5	13,000
6	16,000
7	19,000
8	22,000
9	25,000
10	28,000
11	30,000
12	32,000
13	34,000
14	36,000
15	38,000
16	40,000
17	42,000
18	44,000
19	46,000
20	48,000
21	48,000
22	48,000
23	48,000
24	48,000
25	48,000
26	48,000
27	48,000
28	48,000
29	48,000
30	48,000
31	48,000
32	48,000
33	48,000
34	48,000
35	48,000
36	48,000
37	48,000
38	48,000
39	48,000
40	48,000

B：職能給（円）

役職		一般社員	主任クラス	課長クラス	部長クラス
ポイント		4等級	3等級	2等級	1等級
1	50P未満	170,000	260,000	320,000	430,000
2	50～60P	180,000	270,000	340,000	450,000
3	61～70P	190,000	280,000	360,000	470,000
4	71～80P	200,000	290,000	380,000	490,000
5	81～90P	210,000	300,000	400,000	510,000
6	91～100P	220,000	310,000	420,000	530,000

※キャリアシートと目標管理シートの達成度を点数化する。
※役職定年55歳。役職定年後3年間は役職より1等級下がった役職給及び等級の最上位で計算する。
※在籍給は、勤続20年以降同額。

C：役職手当（役職定年55歳）（円）

役職	主任クラス	課長クラス	部長クラス
手当	30,000	70,000	100,000

（例）（円）

勤続3年	一般社員	手当	月額給与	×12ヵ月	賞与	年収
7,000	220,000 (4-6)	48,300 (30時間残業)	275,300	3,303,600	825,000	4,128,600

勤続10年	主任クラス	役職手当	月額給与	×12ヵ月	賞与	年収
28,000	300,000 (3-5)	30,000	358,000	4,296,000	1,125,000	5,421,000

勤続20年	部長クラス	役職手当	月額給与	×12ヵ月	賞与	年収
48,000	510,000 (1-5)	100,000	658,000	7,896,000	1,912,500	9,808,500

課長勤続30年		役職手当	月額給与	×12ヵ月	賞与	年収
48,000	360,000 (2-3)	70,000	478,000	5,736,000	1,350,000	7,086,000

役職定年（課長）		役職手当	月額給与	×12ヵ月	賞与	年収
48,000	310,000 (3-5)	30,000	388,000	4,656,000	1,162,500	5,818,500

役職定年経過3年以降（58歳時）		手当	月額給与	×12ヵ月	賞与	年収
48,000	220,000 (4-6)	57,100 (30時間残業)	325,100	3,901,200	825,000	4,726,200

※賞与額は、賞与原資を職能給総額で割って分配する。
例）賞与原資　1500万円
職能給総額　800万円　　職能給 × 1.875 カ月分

給与規定例（年齢給なし・役職定年あり）

年齢や在籍年数ではなく実力主義のみの給与体系で役職定年も盛り込む

B：職能給 （円）

役職		一般社員	主任クラス	課長クラス	部長クラス
ポイント		4等級	3等級	2等級	1等級
1	50P未満	190,000	230,000	300,000	520,000
2	50～60P	197,000	240,000	340,000	550,000
3	61～70P	204,000	250,000	380,000	580,000
4	71～80P	211,000	260,000	420,000	610,000
5	81～90P	218,000	270,000	460,000	640,000
6	91～100P	225,000	280,000	500,000	670,000

※キャリアシートと目標管理シートの達成度を点数化する。
※役職定年55歳。定年後3年間は役職より1等級下がった役職給及び等級の最上位で計算する。

C：役職手当（役職定年55歳） （円）

役職	主任クラス	課長クラス	部長クラス
手当	30,000	50,000	100,000

（例） （円）

26歳	一般社員	手当	月額給与	×12ヵ月	賞与	年収
年齢給なし	225,000 (4-6)	48,300 (30時間残業)	268,600	3,223,200	843,750	4,066,950

34歳	主任クラス	役職手当	月額給与	×12ヵ月	賞与	年収
年齢給なし	270,000 (3-5)	30,000	300,000	3,600,000	1,012,500	4,612,500

54歳	部長クラス	役職手当	月額給与	×12ヵ月	賞与	年収
年齢給なし	640,000 (1-5)	100,000	740,000	8,880,000	2,400,000	11,280,000

課長54歳		役職手当	月額給与	×12ヵ月	賞与	年収
年齢給なし	380,000 (2-3)	50,000	430,000	5,160,000	1,425,000	6,585,000

役職定年（課長）		役職手当	月額給与	×12ヵ月	賞与	年収
年齢給なし	280,000 (3-6)	30,000	310,000	3,720,000	1,050,000	4,770,000

課長60歳以降		手当	月額給与	×12ヵ月	賞与	年収
年齢給なし	225,000 (4-6)	43,600 (30時間残業)	268,600	3,223,200	843,750	4,066,950

※賞与額は、賞与原資を職能給総額で割って分配する。
例）賞与原資　1500万円
　職能給総額　800万円　　職能給 × 1.875 カ月分

退職金制度を見直す

60歳以上の雇用が増えるなかで、これまでは60歳定年で退職金を支払い、契約社員として再雇用する企業が多いのですが、今後、定年が65歳に引き上げられるもしくは定年そのものがなくなっていくことを考慮すれば、退職金の在り方について検討する必要があります。

労働生産性の向上だけでは、働き方改革で増える賃金をまかなうことは限界があります。退職金額の減額、もしくは段階的に制度そのものの廃止をすることを含めて検討してみてください。

高齢者を雇用するリスクとして、人件費の原資が高齢者に使われ、若年層にまわらなくなることが懸念されます。退職金制度をいきなり廃止することは難しくても、高齢者雇用に伴う給与増額分を補てんするうえでも、退職金制度を維持する場合は、現状から段階的に少なくても20%程度の減額を検討すべきです。

多くの企業は、自己都合による退職と定年退職で支給率を変えていますが、定年という概念をなくすならば、当面は減額せずに自己都合で退職した比率で支給する方法からスタートすることもできます。

さらに再雇用ではなく定年延長や制度の廃止を実施する場合の退職金について、60歳以降の勤務年数は考慮しない退職金の設計も検討してください。

70歳まで年収400万円で雇用したとすると、60歳以降の所得金額が4000万円増えることになり、これまでの60歳定年後にかかる生活費と70歳以降の生活費の比較をすれば、70歳まで勤務すれば少ない金額でまかなうことが可能になります。

働き方改革に伴う人件費高騰の原資を確保するうえで、退職金の見直しを検討してください。

ポイント

○ 高齢者雇用に伴う原資を退職金改定でまかなう
○ 当面自己都合による退職の金額を検討する
○ 高齢者の雇用維持のために退職金廃止を含めて検討する

PERSONNEL STRATEGY

副業の推奨

能力ベースの給与規定の変更や残業時間の削減で、所得が少なくなる社員が発生します。これまでは、正社員の副業を禁止する企業も多くありましたが、働き方改革ではワーク・ライフ・バランスの取れた仕事をおこなうためにも、副業や副収入を認めて様々な分野にチャレンジすることを推奨するべきです。

副業をおこなうことで新たな人脈が生まれますし、現職の新規事業のヒントに繋がることもあります。

本業に影響を与えない副業やボランティアについて、企業は積極的に推奨すべきです。自社しか知らない環境で仕事をするより、幅広い人間関係や自社と異なるビジネスを理解していることは、本業にも良い影響を与えます。

これまでは、会社にばれないように副業をおこなっている社員も多くいましたが、会社の承認のうえでおこなうことができれば、本業も気持ち良く仕事ができます。

副業をおこなえば確定申告をおこなう必要があり、自社の所得金額とは異なる所得になります。マイナンバー制度の導入により、内密に副業をおこなうことが難しいのであれば、堂々と副業をおこなえるように就業規則を変更すべきです。

副業をおこなうことで、60歳以降は副業に専念するという生き方もできます。ボランティア活動も、事前申請と報告書を提出することで有給を付与するなど、社外の活動について推奨していくことが安定した雇用に繋がります。

ポイント

- ○副業やボランティアを推奨する
- ○社外のビジネスや人脈が人間性を向上させる
- ○ボランティアについて事前申請、報告書作成で有給を付与する

資格取得や自己啓発の推奨

社員のスキルを高めることを支援するために、社員の自己啓発を推奨する制度を検討してください。

仕事に生かせる資格取得や自己啓発だけでなく、私生活の充実という観点から直接仕事に関係しないものでも、福利厚生の一環として何らかの支援をしていくことが、働き方改革に準じた支援だと言えます。

厚生労働大臣の指定する対象講座で受給資格に該当し受講が修了すれば、支払った学費のうち20％（最大10万円）が支給される教育訓練給付制度を活用しながら、会社としても補助金を支給する制度を設けることで、社員のスキルアップに繋がります。

帰社後、学校へ通うために、一定時間の早朝出勤をして早退を認めることで、通学が可能になるケースもあります。

自社の職種に関連した自己啓発にかかる費用について、自己申告により一部会社が負担することで、社員の習得する意識が変わります。資格取得や自己啓発は、会社の指示命令ではなく、社員の意志による自己申告で行うべきです。

70歳まで働くことを考慮すると、今後、資格を所持していることが仕事をおこなううえで自信にも繋がります。資格在りきではありませんが、資格取得に向けて勉強しているときは、スキルや知識を高めることに集中できます。

業務に支障を与えない範囲で、企業が資格取得や自己啓発を推奨することで、仕事へのモチベーションが高まるのです。

ポイント

○ 資格取得や自己啓発に対して企業が援助する
○ 社員の向上心を高めることが、労働生産性向上にも繋がる
○ 資格取得が、仕事への自信になる

全社員の英語力を高める

労働力が不足しているという理由だけで、外国人労働者を安易に受け入れることはお勧めしません。外食産業などで留学生を学生アルバイトから雇用し正社員に登用する場合は、日本語の能力もあり問題がありませんが、外国人労働者に慣れていない企業であれば、言葉や文化の問題から、既存社員との関係が上手くいかない可能性もあります。技術研修生が安い賃金で過酷な労働を強いられて離脱してしまう現状を踏まえれば、法制度の改定で受入れ枠が増えて条件が緩和されても、自社で本当に受け入れられる土壌があるか十分検討すべきです。単純作業の労働力不足であれば、ロボットやＡＩによる解決策が見つかるかもしれません。また、高齢者や社会と関わりを持っていない主婦（夫）層の活用で、人員不足を補えるかもしれません。

外国人を雇用する企業は、まず既存社員の英語力を高めるべきです。今後、グローバル化が進むなかで、外国人労働者が日本語を習得すればいいという自己中心的な考え方では、低賃金で働かせるための単なる労働力として見ておらず、長く継続できるわけがありません。外国人が新たに日本語を習得するより、英語を使用できる外国人に対して、英語をすでに勉強している日本人が英語力を高めるほうが、円滑なコミュニケーションを取るうえでも現実的なのです。そのうえで来日する外国人に対して、日本で気持ち良く生活できるために、一定期間の日本語教育や日本の慣習について研修をおこなうべきです。

同一労働・同一賃金の考え方でいけば、外国人の就労者も日本人と同等の給与を支払うべきです。

既存の社員が英語力を高める努力をして、外国人労働者を仲間として受け入れる体制が整えば、国籍に関わらず積極的に社員として活用すべきです。

ポイント

○同一労働・同一賃金で外国人労働者を雇用する
○既存社員の英語力を高める
○労働力不足に対してロボットやＡＩの導入を検討する

自社の魅力を認識する

働き方改革に直接関係はしませんが、経営方針や社是に基づく行動基準について、クレドを作成して共有の認識にします。クレドは、ラテン語で信条という意味なのですが、社是や経営方針に基づき、社員がどのように行動すべきか、社員だけでなく、顧客や取引先に対しても書かれたもので、社員全員が常に携帯しており、行動基準だけでなく他社との差別化を社員が認識できます。

働き方改革では、仕事の優先順位を見極めて行動することが求められますが、クレドの行動基準に基づき行動することができ、自社に誇りを持って働くことができるツールなのです。

クレドは、トップダウンで経営者から落とし込むものではなく、社員が経営方針や社是に対してどのように行動すべきかじっくり検討したうえで、作成していきます。

まさに各部署から代表者で構成されている働き方改革委員会が、クレドを作成するためのメンバーとして最適であり、働き方改革の一環として、改めて自社の存在意義を考え、社員がどのような行動を取るべきなのか検討すべきです。クレドは、社員のモチベーションが上がるだけでなく、顧客や取引先に対して差別化ができるのです。

働き方改革では、充実した仕事と生活を送るための改革ですが、魅力ある企業で社会貢献しているという認識は、仕事の満足感にも繋がります。採用業務においても、クレドを使い、他社との違いをわかりやすく説明することができます。

費用をかけずに社員が作り上げていくクレドの作成と活用を、ぜひ検討してみてください。

ポイント

○クレド(信条)を社員が作成する
○クレドに記載している行動基準に基づき仕事をおこなう
○クレドを全社員が携帯し帰属意識を持つ

第4章

労働人口不足の対策

自社の魅力を明確に打ち出す

企業が存続していくためには、労働人口が減少していくなかでも継続して社員を採用していく必要がありますが、売り手市場だから現在は採用できなくても仕方がないと考えていては、この先もずっと採用できません。

採用担当者が自社の魅力を語ることができなければ、求職者の気持ちは動きません。求職者に打ち出す自社の魅力について、改めて整理をしてみてください。魅力は、求職者にとってどのようなメリットがあるかという視点で考えます。例えば「売上が業界ナンバー1」であれば、そのことで社員の給与が高水準、あるいはスキルアップを積極的におこなえるなど、求職者へのメリットまで説明することが大切です。

同業他社の求人情報を常にチェックしてください。最近、応募者が少なくなったことが、他社の初任給のアップや休日などの労働条件の変化が原因であることがあります。

自社の強みや魅力について、採用担当者が理解していても、それを求人募集要項や面接時の説明できちんと伝えなければ、求職者には伝わりません。

求職者は、応募企業の社員から自分の将来像をイメージします。採用担当者が疲れた表情で覇気がなければ、入社したい企業にはなりません。自社の強みや魅力を再度洗い出し、求職者に伝えてください。

労働条件が悪い中小企業でも、応募者が集まり社員が生き生きと働いている企業は多くあります。

求職者は、企業の魅力と共に、入社後のキャリアパスについてチェックしています。入社後どのような仕事に就き、昇給、昇格のチャンスがあるのか、きちんと説明してください。

ポイント

- ○求職者の視点で、魅力や強みを打ち出す
- ○同業他社の求人情報をチェックする
- ○入社後のキャリアパスを説明する

第二新卒を積極的に採用する

新卒採用が思うようにいかず悩んでいる企業は、新卒採用から第二新卒採用にシフトすることを検討してください。

就職協定の廃止が決まり、今後、ますます新卒採用は激化することが予想できますが、これまでも新卒採用が難しい状況が続いているならば、新卒採用にこだわらず第二新卒採用に切り替えるべきです。

25歳以下で就労3年以下の求職者を通常第二新卒と言われていますが、新卒で就職した仕事が思っていたものと違い、転職を考えている25歳以下の求職者は多くいます。第二新卒歓迎とうたって募集をしている企業があるものの、他の中途採用の求職者と同様の採用をおこない、採用後も新卒採用のような研修をおこなわずに配属してしまうのが実態です。

第二新卒の求職者の多くが、今度は失敗したくない、研修制度のしっかりした企業でスキルを高めたいと考えています。新卒時は、就労経験がないため有名企業や人気のある業界という理由で企業選択した人も多いのですが、仕事に就くことで適性ややりたいことを見出して、新卒のような就社ではない本来の就職ができるのです。

他社との差別化では、第二新卒募集を一般の中途採用に含めるのではなく、第二新卒に限定した募集で、研修もきちんとおこないスキルを高めることができるという求人をおこなってみてください。

これまで継続してきた新卒採用を止めることができないと考える方がいますが、採用人数が第二新卒でまかなえるのであれば、新卒採用に固執する必要などないのです。

ポイント

- ○新卒採用が上手くいかなければ第二新卒に切り替える
- ○第二新卒募集で研修や受入れで差別化する
- ○新卒と第二新卒採用の差異はほとんどない

学生アルバイトから採用する

PERSONNEL STRATEGY

新卒採用で入社した社員になぜ自社へ入社したのかリサーチをすることで、採用担当者が気付かない自社の魅力を発見することがあります。

新卒採用をおこなう企業は、自社でアルバイトをしている学生の採用を検討してみてください。

中小企業が新卒求人サイトで他社と張り合っても、なかなか勝ち目はありません。またインターンシップ制度を活用しようとしても、多くの学生は安定した大企業でおこないたいと考えています。

学生アルバイトを使っている企業でも、4年生になると就職を頑張るようシフトに入る日を少なくするなどの配慮をしている企業が多いのですが、自社で頑張ってきたアルバイトであれば、通常の新卒採用のより好条件で採用をおこなうなどして、自社に引き込む対策を講じてください。

なぜ、他社へ就職するのが当然だという概念を持たずに、自社に入社するよう積極的に口説こうとしないのでしょうか。

自社の業務を理解しているアルバイトであれば、入社後も短期間で戦力になることが期待できます。本人も仕事内容を概ね理解していることで、何もわからない企業へ就職するより安心だと考えるかもしれません。

新卒学生の多くが、安定した企業に就職したいという気持ちが強いのですが、全ての学生が安定だけを求めているのではありません。

中小企業であっても自社の魅力や将来性をきちんと伝えることで、学生の気持ちを動かすことができるのです。

ポイント

- ○新卒採用の社員に自社に決めた理由を確認する
- ○学生アルバイトが他社へ就職するという概念を切り捨てる
- ○学生アルバイトから正社員へ待遇面などを考慮して採用する

外国人留学生を生かす

すでに外食産業やコンビニエンスストアでは、多くの外国人留学生をアルバイトとして雇用しています。これまでは、卒業後特定の職種しか在留資格が認められず継続して雇用することが難しかった職種でも、法律の改正により一定の条件を満たせば在留資格が緩和されて雇用することができるようになります。

外国人留学生の多くが日本語を理解しているため、短期間で戦力として活用することができます。積極的に外国人留学生をアルバイトとして雇用し、卒業後も継続して雇用していくことを検討すべきです。

外国人留学生は、言葉の問題だけでなく日本の文化の違いから最初は上手く馴染めない可能性がありますので、既存の外国人留学生アルバイトのなかからリーダーとなれる外国人留学生を選抜し、新人外国人留学生の指導をおこなう仕組みを構築してください。

前項で説明した学生アルバイトからの活用と同様に、外国人留学生が卒業後も働きたいと思うためには、アルバイト経験を評価した他の新卒学生と異なる給与やポジションを検討してください。

人望と職務能力のある外国人リーダーを育成し、外国人リーダーが中心となり外国人留学生向けのマニュアルを作成し研修を実施することが、外国人留学生を生かすポイントです。

継続した外国人留学生とのパイプを作るうえでも、使い捨てのような雇用ではなく、待遇面や労働条件に日本人社員との格差を付けず、長く働ける環境を提供してください。

ポイント

- ○外国人留学生を積極的に活用する
- ○外国人リーダーを育成し研修を充実させる
- ○卒業後も戦力として採用する

PERSONNEL STRATEGY

紹介制度を見直す

社員紹介制度がある企業は多いものの、多くが機能していません。機能しない原因を払拭して紹介制度を復活させることを検討しましょう。

自社を理解している社員が知人や友人を紹介するわけですが、紹介制度が機能しない場合、社員自身が自社に魅力を感じていないため、紹介しないケースが考えられます。

自社への帰属意識を高めるうえでも、改めてクレドなどを利用し、自社の社会的な役割や魅力を認識してもらう必要があります。

紹介制度が機能しない別の理由として、紹介した社員が入社しても思うような成果が出せない懸念が、紹介を躊躇させているのかもしれません。また、紹介料を支払う制度であっても、きちんと紹介料が支払われていないようでは、紹介したいとは思いません。

紹介者は、あくまでも応募することを促すための仲介役であり、採用が約束されているわけではありません。入社後まで責任を負わない点や、制度として紹介料をきちんと支払う仕組みを改めて周知徹底してください。

人事担当者自身も自分の家族や知人を入社させたい企業かどうか自問自答してください。答えが「Ｎｏ」ならば、社員が紹介しようとは思いません。労働条件や環境などが他社に劣っていて利益が出ていないのだから仕方がないと考えていては、新入社員が入社したいと考える企業にはなりません。なぜ紹介したくないのか理由を分析したうえで、改善できることからすぐにスタートすべきです。

紹介制度は採用経費を抑えて、信頼のおける社員を採用できる方法の一つなのです。

ポイント

○紹介制度が機能しない問題点を検証し改善する
○社員紹介制度を見直して社員に周知をおこなう
○紹介したい企業になるよう改善できることはすぐに改善する

PERSONNEL STRATEGY

再就職制度で退職者を掘り起こす

今後の労働人口の減少を踏まえれば、出産などで退職した社員の掘り起こしが必要不可欠です。労働条件が合わず退職した社員であれば、新たに短時間正社員制度を設けることや自社に保育施設の設置など、改善した雇用環境を設けることで、再就職したい気持ちに傾く可能性があります。

また、自己都合で辞めた社員に対しても円満退社であれば、自社に戻るための掘り起こしをしてみてください。転職したものの転職先企業で馴染めず悩んでいる元社員は意外と多いものです。

主婦（夫）の再就職では、自社の仕事を理解しているため短期間で戦力になることが期待できますが、ブランク期間を払拭するうえでも数日間でも構わないので、復帰に向けた研修を設けることで、安心して復職できます。

退職した社員に再就職プランについて、郵送で告知をしてみてください。いきなり復職を促すのではなく、相談を受け付けることや今すぐでなくても構わないことを記載しておきます。

書面送付後は、送りっぱなしにせず、元上司が電話などでフォローをすることも忘れないでください。

1日6時間勤務でも短時間正社員として、正社員と同様に賞与支給対象者になり、社会保険にも加入できれば、正社員勤務が難しいと考えていた主婦(夫)の気持ちを動かすことができます。これからの時代は、社員が企業の労働条件やスキルに合わせるだけでなく、企業が社員の条件に近づくことをしなければ、社員を活用することができません。

ポイント

○働きやすい環境を構築し退職者を掘り起こす
○書面で復職の条件などを送付する
○元上司などが電話でフォローする

主婦（夫）の採用

主婦（夫）を取り込むためには、子供や労働時間の問題を解決することが必要です。雇用形態では、正社員として少なくても通常の勤務時間の正社員と短時間制の正社員を設けて、非正規雇用から社員へ登用する枠も設けます。

働き方改革では、社員のライフスタイルに合わせた勤務体制が不可欠ですが、短時間勤務で社員は無理だと簡単に結論づけず、なぜ難しいのか検証したうえで、改善の方向で検討してください。

正社員は、賞与や退職金の対象になるものの、長期間安定してスキルの高い労働が期待できるのであれば、短時間であっても正社員登用のメリットは十分あります。

主婦（夫）を取り込むために、保育施設を自社で運営することも検討してみてください。採用できないことで採用経費に相当な金額を投資するならば、社員のために設備投資をしたほうが今後に繋がる活きたお金になります。

勤務時間について、短時間正社員で職場復帰をして、子育てが落ち着いたらフルタイムの正社員に復帰できるキャリアパスを設けることで、安心して働ける職場になります。

長期間ブランクがある主婦（夫）に対して、外部のＰＣスクールなどと提携してスキルを高める研修制度など設けることで、再就職への意欲が増します。非正規社員でまかなえるのであれば、あえて短時間正社員として採用する必要はありませんが、今後、同一労働・同一賃金が施行されることを考慮すれば、主婦（夫）層を短時間正社員もしくは、正社員として採用することを検討すべきです。

ポイント

- ○主婦（夫）が再就職できる環境を整備する
- ○長期雇用を前提して採用する
- ○主婦（夫）を生かせるキャリアパスを構築する

PERSONNEL STRATEGY

中高年の積極的採用

退職年齢の引き上げだけでなく、今後、外部からの中高年の優秀な人材の採用についても考えていく必要があります。求人募集では原則として年齢を制限した募集ができなくなりましたが、例えば若年層が少ないため募集するという理由で、年齢を制限した募集ができます。そのため多くの企業がこれまでと変わらず35歳以下の求人をおこなっていますが、その反動から40代以降の転職は売り手市場であっても難しい状況なのです。

今後、労働人口が減少していくなかで、特に中小企業は、若年層に特化せず、優秀な中高年の採用を検討すべきです。40代以降になると、本人の能力だけではなく組織の力関係や人脈などの理由で、将来像が見えてしまうことがありますが、社内の路線から外れてしまった40代以降の社員でも、優秀な人材が多くいるのです。

売り手市場をいいことに、帰属意識を持たず良い条件の企業があれば転職しようと考えている20代、30代の人材より、後がないと考え必死で頑張る中高年を採用したほうが、企業メリットが大きいのです。

中小企業であれば、大手企業がターゲットにしている求職者層で勝負するのではなく、大手企業が採用したいと考えていない層を狙ってみてください。

中高年は使いづらい、給与が高いといった理由だけで躊躇せず、使いづらいのであれば採用段階で人物像をじっくり見極め、入社後の研修をおこなう方法もあります。また給与についても実績重視の給与体系であれば、これまでの給与がベースではなく入社後の能力や実績に応じた給与を支払えばいいのです。

若年層が採用できないから中高年を採るという考え方ではなく、中高年だからこそ採用したいという姿勢で臨んでください。

ポイント

- ○中高年採用が、他社との差別化に繋がる
- ○中高年は、20代、30代の求職者以上の活躍が期待できる
- ○採用後の研修を充実させて実績重視の雇用をおこなう

高齢者が働ける環境を整備する

自社の社員であれば、少なからず社内事情を理解しているので、60代以降でも適材適所の配置をおこなえば能力を発揮しますが、外部から採用する場合、採用時の見極めと共に入社後の研修が活用のポイントになります。

人手が足りないからといきなりハードな部署に配属すれば、高齢者の転職が難しい状況でも定着しないでしょう。

高齢者のこれまでの経験を考慮したうえで、経験をリスペクトする気持ちが既存社員になければ、社内の人間関係は上手くいきません。

一方、高齢者も過去の実績にこだわり過ぎて、何でこんな仕事をしなければいけないんだという気持ちで臨めば、気持ち良く仕事をおこなうことができません。同世代だけで固まらず年齢が若い社員と融合していく姿勢を持たなければ、組織のなかで高齢者は仕事を継続できなくなります。

高齢者雇用では、肉体的な健康診断は勿論のこと、医療機関と連動してメンタル面における配慮も必要になります。

誰でもいずれ高齢者になります。高齢者が働きやすい環境整備とは、マニュアルの整備に加えて、慣れるまでの手厚いフォロー体制が重要です。

人生100年時代を迎えるなかで、60代はまだまだ若い世代なのです。労働人口減少のなかで、主婦（夫）層と共に高齢者を活用していくことが、人員不足を解消する解決策だけでなく、企業が益々繁栄するキーポイントなのです。

ポイント

- ○雇用延長だけでなく外部からの募集を検討する
- ○マニュアル整備をして働きやすい環境を構築する
- ○70歳までの雇用が当たり前の時代になることを想定する

非正規社員を正社員に登用する

同一労働・同一賃金の原則から、今後、非正規社員の職務能力の見極めがこれまで以上に重要になります。

同じ派遣社員を原則として3年を超えて使うことができなくなりますので、派遣社員から正社員登用についても検討していく必要があります。

これまで非正規雇用は正社員より安く使うことができ、賞与や退職金を支給する必要がないというメリットがあったかもしれませんが、同じ仕事をしていながら、賃金が格段に安く労働条件が悪いようでは、非正規社員のモチベーションが上がるはずがありません。

非正規社員でも優秀な社員であれば、今後、積極的に正社員登用を検討すべきです。正社員と同様の時間帯に働けなければ、短時間正社員など非正規社員が働きやすい雇用形態を構築してください。

非正規社員としての雇用でも、正社員と同様にキャリアシートによる人事考課をおこない、正当な評価をおこなうべきです。

正社員に登用することで人件費の高騰を懸念する人事担当者がいますが、採用経費の高騰や人員不足で割増賃金を払うより、人員体制を整え質の高い仕事をおこなうほうが、経営という観点からも意義があります。

非正規社員でも週の労働時間が20時間を超える場合などは、社会保険に加入する必要があり、この点では正社員と非正規社員と大きな違いがありません。正社員であれば今後の雇用責任に加えて、賞与、退職金が発生するかもしれませんが、賞与は実績や成果に基づき支払うものであり、企業の経営状況により支給することを考慮すれば、それほど大きな問題ありません。退職金については退職金規定の見直しを含めて検討すればいいのです。

ポイント

- ○非正規社員の正社員登用制度を確立する
- ○非正規社員に対しても人事考課をおこなう
- ○雇用条件に合わせた正社員制度を確立する

COLUMN

高齢者の雇用問題

労働人口が減少するものの今後ロボット化が進むことで、企業で必要とする社員数が大幅に減少していく可能性があります。

ロボット化やAIが進むことで新たな雇用が生まれるという考え方もありますが、高齢者が対応できる仕事かどうか疑問があります。今後しばらくの間は、労働力不足から高齢者や主婦(夫)を活用して労働力としていく傾向が生まれますが、本当に高齢者の雇用が今後ずっと継続していけるのか懸念があります。

65歳までの雇用継続が法律で施行されても、劣悪な労働条件で仕事を継続しているケースや退職に追い込まれて仕事に就けない高齢者もいます。高い技術スキルや営業力があるなど一部の高齢者は仕事に就けますが、労働力をそれほど必要としない時代に突入していくことを考慮すれば、高齢者が働ける環境を構築することは、企業だけの問題ではなく国として考えなければいけない大きな問題です。

第5章
長時間労働の対策

ロボット・AI・アウトソーシングの活用

働き方改革を実践するうえで、長時間労働の削減が絶対条件になりますが、対策を何も講じなければ、長時間労働の削減は難しいのです。

長時間労働の原因として、労働過多、人員不足、作業効率が悪いといった理由が考えられますが、解消できる切り札としてロボットやＡＩの活用を検討すべきです。労働人口は、今後、ますます減少していくなかで、ロボットやＡＩの活用で対応できる業務は設備投資をしてでも導入すべきです。ロボットやＡＩ技術の発展は目覚ましく、ほとんどの仕事が人間の代わりにおこなうことができます。

無人で精算までおこなう店舗も出現していますし、ホテルの接客業務やチェクインなどもロボットで対応できます。

また、ロボットやＡＩ活用の他に他社に業務委託をする選択肢があります。経理、人事、営業などの事務部門の業務も、他社にアウトソーシングすることが可能な時代です。

社員が少ない理由で、在籍社員に負荷がかかり残業を強いている状況であれば、ロボット導入や業務委託をして長時間労働を削減することを実践してください。

改善をおこなっても上手くいかないリスクがありますが、リスクを恐れていては何もできません。長時間労働にかかる経費とロボットや業務委託を選択したときの経費を検証してみるべきです。

社員を犠牲にしながら何とかしのいでいるような仕事は、長続きしません。社員に労働生産性を強いるだけでなく、効率の良い労働力確保のための具体的な方策を落とし込むことも人事の役割なのです。

ポイント

- ○長時間労働の解消のためにロボットを導入する
- ○業務委託をして労働時間を削減する
- ○改善策を講じなければ労働時間は削減しない

ロボットやAIが人事の問題を解決する

現在おこなっている多くの仕事が、ロボットやＡＩで対応できると前項でお伝えしましたが、ロボットやＡＩへ移行することで、労働人口減少の問題は、近い将来解決できます。企業という視点で捉えると、労働人口の減少が、実はそれほど大きな問題にならない可能性があります。

人員不足が問題の中小企業であれば、すぐにでも自社の業務について、どの分野がロボット化が可能であり、そのための経費がいくらかかるか、人事主導で検討する必要があります。

検証を現場任せにすると雇用されなくなることを懸念して、技術レベルが追いついていないなどと理由づけをおこなう可能性があります。

海外の調査では、すべての職業のうち最大50％が失われるという報告もあります。特に製造業の自動化や人口知能により置き換えられる仕事では、ロボット化が進んでいます。さらに販売のレジサービスなどはすでに自動化の店舗も出てきています。

『Google Car』に代表されるような無人で走る自動運転車は、すでに現実化しており、無人トラックやタクシーなども近い将来実現するものと考えられます。

近い将来ロボットやＡＩで代用できる仕事

- ○製造業（オートメーション化）
- ○小売店販売業
- ○一般事務
- ○ホテル、飲食店接客
- ○カスタマーサポート
- ○トラック・バス運転手
- ○銀行窓口業務
- ○レジ業務
- ○会計監査業務など

ロボット導入と人件費を検証する

現在の仕事でロボットに置き換えられる業務が判明したら、導入に伴う費用について、メンテナンス費用を含めた具体的な金額を算出してみてください。ロボットは疲れることがないので、長時間稼働させる分野では、安定した生産性が期待できます。ロボット導入に伴うメンテナンスを含む費用を算出し、耐久年数が7年であれば、ロボット導入に伴う費用を耐久年数で割って、年間の人件費削減金額との差額を比較してみます。差額金額がマイナスであれば、第一優先で導入すべきです。

労働力を確保しにくい部署であれば、プラスでも導入を検討すべきです。ロボットやAIにほとんどの仕事が置き換えられることを考慮すると、今後、現在のような売り手市場ではなく、多くの仕事がロボットに置き換えられて、特定の職種を除いて現状と真逆な求職難の時代がやってくる可能性があります。安定した労働生産性を上げられるロボット導入を早急に検討してください。

ロボット導入費用の差額金額を算出

●ロボット導入費用

【A】ロボット導入経費

【B】年間削減人件費

【C】差額金額

A－B＝C

部門　　（　　　　　　　　　　）

業務内容（　　　　　　　　　　）

【A】　　　　　　　円（年間）

【B】　　　　　　　円（年間）

【C】　　　　　　　円（差額金額）

（例）弁当ラインの自動化

ロボット導入費用（年間）A － 年間削減人件費B ＝ 差額金額C

1000万円（7000万円） － 1250万円　　＝ －250万円

・ロボット導入により年間250万円削減できる。

・差額金額がプラスになっても今後の採用経費や労働人口減少を加味して検証する。

短時間制勤務の導入(ワークシェア)

長時間労働の是正には、これまでの正社員しかできないと考えていた仕事を、短時間勤務の社員や非正規社員でもおこなえる体制にしてください。

長時間労働の原因の一つとして、任せられない、スキルがないという理由で特定の正社員に仕事が集中しているのです。

働き方改革を実現させるためにも、ワークシェアの考え方を取り入れて、短時間正社員を導入するなど、社員の状況に合わせて働き方を選択できる雇用体制が求められています。

残業代が生活給になっている社員から、できるわけがないと反発があるかもしれませんが、マニュアルや研修制度を充実させて、誰でもできる仕組みを構築することで、長時間労働は削減できます。

ワークシェアを実現させるためには、仕事以外の楽しみや趣味、副業にも打ち込める環境が望ましいのです。

会社が全てでプライベートの時間があっても持て余してしまうという状況では、ワーカーホリックからいつまでたっても抜け出せません。

長時間労働から解放されて、プライベートな時間が増えることで、ライフスタイルが変わります。

企業への帰属意識も大切ですが、家族と過ごす時間や別の仕事や趣味に打ち込む時間ができることで、より充実した人生を送ることができるのです。

同一労働・同一賃金の条件で、不公平感がなく社員の環境に合わせた働き方ができる企業が今後、ますます伸びていくのです。

ポイント

○短時間正社員制度を導入する
○ワークシェアできる体制を構築する
○プライベートを充実できる体制を構築する

変形労働時間制度・フレックスタイム制度の構築

サービス業や生産部門などで特定の時期に忙しい場合は、労働時間を月単位、あるいは年単位で管理する変形労働時間制度を導入することで、残業時間を削減することが可能です。1カ月単位の変形労働時間では、1カ月の総労働時間で調整ができていれば、残業時間が削減できる可能性があります。

1カ月単位の労働時間では、1日の休憩時間を多く取ることで労働時間を削減することが可能ですが、長時間拘束時間が発生するため、企業側の理由だけで進めると社員の不満が生じます。

業務内容によっては、変形労働時間の一種であるフレックスタイム制度を導入し、効率の良い仕事をおこなうことで、長時間労働を削減することもできます。

フレックスタイム制度とは、始業及び終業の時刻を労働者の決定に委ねることを就業規則等で定め、かつ一定事項を労使協定で定めれば、使用者はフレックスタイム制をとる労働者について、清算期間内で、1週間あたりの法定労働時間（1日につき8時間、1週間につき40時間）を超えない範囲内において、1週又は1日の法定時間を超えて労働させることができるのです。

様々な勤務体制を導入することで、企業は残業時間の削減が期待でき、社員は、ライフスタイルに合わせた勤務ができます。変形労働時間やフレックスタイム導入をしていない企業は、自社の業務に当てはまるか検証してみてください。

ポイント

- ○1カ月、あるいは1年単位の変形労働時間導入を検討する
- ○フレックスタイム導入による残業時間削減を検討する
- ○変形労働時間導入は、残業時間削減の有効な方策になる

裁量労働制の構築

厚生労働省の定めた「専門業務型」と「企画業務型」などの仕事であれば、裁量労働制を検討してください。専門型や企画型の仕事では、裁量労働制を取り入れることで、残業削減に繋げることができます。

裁量労働制とは、みなし労働時間制のひとつで、労働時間が労働者の裁量にゆだねられている労働契約です。労働時間が長くても短くても、実際に働いた時間に関係なく契約した労働時間分を働いたこととみなされる制度です

働き方改革の法案が成立した高度プロフェッショナル制度は、「ホワイトカラー・エグゼンプション」とも呼ばれている制度で、年収1075万円以上の証券アナリストやコンサルタントなど専門的知識を持つ一定の業種の方を労基法による労働時間、休日等の規制の対象から外して、残業代の支払いも不要になる制度です。

労働者の裁量によって労働時間が決まる点は、裁量労働制と高度プロフェッ

ショナル制度に共通する部分といえますが、相違点は、裁量労働制が深夜手当や休日手当など割増賃金の支払い対象であるのに対し高度プロフェッショナル制度は、深夜・休日労働に関しての割増賃金の支払いが必要ありません。

高度プロフェッショナル制度を導入する場合、労使委員会の設置など、手続きを踏む必要があります。人件費の予測がしやすい点がメリットと言えますが、長時間労働に繋がる可能性が懸念されていますので、慎重に判断すべきです。

ポイント

- ○裁量労働制を導入することで人件費が予測しやすくなる
- ○残業代金などの削減に繋がる
- ○長時間労働に繋がる可能性が懸念される

テレワーク制度の構築

テレワークとは、情報通信技術を活用した職場など一定の場所や既定の就労時間にとらわれない柔軟な働き方のことです。

特に主婦（夫）などは、通勤せずに自宅で仕事ができることは、効率的であり、働き方改革を実践するためにも、出社しない働き方は検討すべきです。

企業側のメリットとして、オフィスや通勤交通費などの経費削減のメリットがあります。また柔軟性の高い働き方ができることで、環境が変わり退職しなければいけない社員を引き留めることが可能になります。

通勤時間を削減でき、自宅で効率良く仕事ができれば、実績、成果型の仕事にとって有効な働き方です。さらに優秀な人材を辞めさせずに確保できることは、労働生産性向上にも繋がります。

デメリットとして労働時間の管理ができないため、裁量労働制の働き方が基本になりますが、労働時間ではなく成果で仕事が判断される場合、労働時間が長くなってしまうため、働き方改革に繋がらない可能性があります。

さらに仕事を自宅でおこなうために、情報の流出についても配慮しなければいけません。

テレワークを普及させるためにも、クラウドサービスの活用などオフィスを離れてもオフィスにいるのと同じように働ける環境を整えることが大切です。テレワークは働き方改革では重要な役割になりますので、労務管理の問題などについて就業規則で取り決めておく必要があります。経費が削減でき、成果型の管理ができるテレワーク制度の導入を検討してください。

ポイント

- ○自宅で仕事をおこなうため経費が削減できる
- ○成果型の仕事が実践できる
- ○優秀な社員を引き留めることが可能になる

PERSONNEL STRATEGY

早朝出勤優遇体制の構築

残業を抑えるために、22時以降の残業は禁止などの労働条件を打ち出している企業もありますが、そもそも残業をしたくてしているわけではなく、業務が追いつかないから残業をしていることを考慮すれば、改善策を打ち出さず残業をするなというのは問題です。残業を規制するならば、早朝出勤を認める制度を構築すべきです。

早朝は電話も少なく効率良く仕事が進められますので、深夜までの残業時間を午前7時からの早朝出勤に切り替えることで、22時以降の割増賃金を支払う必要がなくなり、社員の健康にも貢献できます。

早朝出勤をした社員に対して、割増賃金分を還元して、コンビニエンスストアでモーニングセット料金のサービスなど付加価値を付けることで、社員が気持よく仕事ができる体制が構築してください。

早朝出勤した社員は、早く出勤した時間分、早く帰社できる仕組みにすれば、健康管理に留意しているだけでなく、効率の良い仕事が期待できます。

早朝出勤はあくまでも申告制にして、強制にしてはいません。残業も同様ですが、上司や先輩社員の手前で早朝出勤することは、絶対禁止すべきです。先輩社員が早く出社するから出社しなければいけないといった慣習を作れば、仕事の効率ではなく上司や先輩社員の顔色を見ながら仕事をすることになります。

早朝出勤は、あくまでも自分が抱えている仕事を効率的におこなうための出勤であり強制するものではないことを、人事は周知徹底してください。

ポイント

○早朝出勤を推奨する
○夜の残業に制限を設ける
○早朝出勤に朝食などの特典を設ける

PERSONNEL STRATEGY

残業申請制度の構築

すでに実施している企業もありますが、残業について上司に申請をしておこなう制度を構築してください。だらだらと残業をして生活給になるようでは、良い仕事はできません。

一方、残業代が支払われないサービス残業で残業をしている場合、どうせ残業代が出ないという気持ちでは、効率的な仕事ができません。

残業管理をきちんとおこなうことで、残業の効率も高まりますし、短時間で仕事をおこなうようになります。

上司は残業を許可することと同時に、残業の成果についても検証すべきです。例えば3時間の残業で何をどの程度おこなったのかなど、申請時の確認と共に残業後の結果について検証しなければ、どうせ上司がチェックしていないからと、生産性を考えない残業をおこなう結果になるかもしれません。

残業をおこなうことが美徳だという企業体質ではなく、労働生産性を高める体質に切り替えない限り、働き方改革は実践できません。

毎日遅くまで残業をして、さらに休日出勤をしなければならない状況では、健康を害してしまいます。

上司や先輩社員は、残業を自分の判断でおこなうためストレスがそれほど溜まらないかもしれませんが、上司の指示命令で残業を行う部下は、時間を自分でコントロールできないため、相当なストレスになり、精神的に追い込まれてしまうこともあります。

人事は残業が多い社員を見過ごさず、必要であれば残業が多い社員の上司に確認をする位の気配りが必要です。

ポイント

○残業を上司への許可をもらいおこなう
○上司は、残業後の成果をチェックする
○人事は、社員の残業時間に注意を払う

PERSONNEL STRATEGY

ノー残業デーの徹底

すでに大手企業では、ノー残業デーを導入している企業は多いですが、全ての業種に当てはまるものではないものの、特定の日に残業をおこなわないことが可能な業種であれば、原則として残業をおこなわないノー残業デーを設けることを検討してみてください。

ノー残業デーは、対外的に取引先などにも告知をすることで、帰社時間近くの連絡や仕事の依頼は少なくなります。

また、社員に対して残業をやらない日だという意識付けをおこなうことで、上司や先輩社員の顔色をみながら残業をすることがなくなります。

曜日の設定は企業により異なりますが、通常水曜日や火曜日をノー残業デーにしている企業が多いようです。全社一斉の施行が難しい場合は、部署ごとに曜日を設定することもできます。

大切なことは、社員にいきなり残業をしてはいけないと指示すれば、好きでやっているわけではなくやらなければいけないからおこなっていると反発があります。

部署ごとにおこなっている職務のボリュームを見極めたうえで、アウトソーシングやロボットなどを導入して労働時間を削減することや、人員が不足している部署への補充など、きめ細やかな対応をしないと、部署間における軋轢が生まれ、帰社できない状況のなかでは絵に描いた餅になってしまいます。

残業時間の制限やノー残業デーの導入が机上の空論にならないためにも、各部署の仕事量を見極めたうえで、残業の多い部署への対策を講じることが大切です。

ポイント

- ○ノー残業デーを設ける
- ○各部署の仕事量を見極め対策を講じる
- ○全社員に残業削減の意識付けをおこなう

COLUMN

企業の存続

働き方改革は、働く人がワーク・ライフ・バランスを取りながら働いていくことですが、企業が存続できなければ、働く環境が提供できずワーク・ライフ・バランスどころではなくなってしまいます。働き方改革で人件費が利益を圧迫してしまえば、中小企業などは企業の存続ができなくなります。

近い将来、ロボット導入により職場を失う社員が増えて、失業する可能性もあります。失業させないために現状のまま継続していけば、競争力のない企業になり衰退していきます。

社員を失業させないためには、人件費の削減だけでなく、新たなビジネスチャンスを生むフィールドを見つけていき働く環境を提供していくことが、企業の使命なのです。高齢者の雇用においても、既存のビジネスの継続ではなく、高齢者に適した高齢者だからこそできるビジネスを考えていく必要があると思います。

第6章
非正規社員と正社員の格差対策

賃金格差是正について

非正規社員について、同一労働・同一賃金の対応策として極論で考えれば、同職種の対象となる正社員の賃金を下げるもしくは、現実的ではないものの対象となる正社員がいない非正規社員のみの仕事とする方策が考えられます。

同一労働・同一賃金が原則であれば、正社員と非正規社員との仕事の違いを明確にして乗り切ることも検討すべきです。ただし、非正規社員からの無理やりこじつけた違いだと不満が生じて訴えられるリスクがあります。

別の方法として、中長期的になるかもしれませんが、非正規社員の仕事を、ロボット化してしまうことも検討すべきです。

労働生産性を引き上げることで利益を増やして、利益を人件費に充当させることを検討すべきですが、対策を講じず、ただ頑張れだけで労働生産性を高めることはかなり難しいと言えます。

非正規社員を多く抱える企業であれば、法律施行までに対象となる正社員と非正規社員の労働に違いを持たせるなど対策を講じたうえで、是正額を抑えてください。

非正規社員を正社員として登用する方法もありますが、登用された正社員と既存の正社員との同職種・同一労働として賃金格差が生じないよう、絶対評価の給与制度を導入すべきです。

正社員の給与規定改定を含めて、是正額を最小限に抑える方策を講じてください。

ポイント

○ 非正規社員に不満が生じないように格差是正をする
○ 対策を誤ると非正規社員から関係機関に訴えられる
○ 是正額を最小限に抑える努力をする

格差是正の対応策

格差是正の対応策として次のものが考えられます。

◆現在同職種の正社員との仕事に違いを持たせる

問題点と改善策

書類上では職務の違いを示しても実質変わらなければ法律施行後に是正勧告を受ける。非正規社員の職務を明確に変えるか正社員の職務内容を変える。

◆同職種の正社員の給与の引き下げ

問題点と改善策

給与を下げることで該当する職種の正社員や新卒採用が難しくなるので、同職種の正社員を減少させて、非正規雇用のみでおこなう。

◆非正規社員の正社員化

問題点と改善策

給与が上昇する可能性があるので、給与規定を見直す。時間帯が短い短時間正社員などを設ける。

◆非正規社員の削減(ロボット化)

問題点と改善策

設備投資が経営を圧迫する可能性があるが、今後の労働人口減少を見据えたうえで、非正規社員を減少させた導入を検討する。

◆労働生産性を引き上げる

問題点と改善策

社員の実績重視型の給与体系などで能力を引き上げるべきだが、限界がある。そのためクラウドやロボットを活用して効率性を高める方法を検討する。

非正規社員の給与について

同一労働・同一賃金の設定方法について、自社で雇用する非正規社員であれば、キャリアシートで能力を判断して賃金を決める方法があります。

同一労働・同一賃金の原則が、雇用形態ではなく、能力に基づく賃金を支給する制度と捉えれば、非正規社員も正社員と同様に、より厳密に能力を見極める必要があります。

非正規社員でも賞与や退職金以外に大幅な賃金格差が今後なくなりますので、非正規雇用ではなく正社員登用の条件を明確にした登用制度も検討すべきです。

賃金格差の是正や正社員登用は、少なからず人件費の高騰が予測できます。限られた原資のなかで、能力に基づいた給与を支給するのであれば、能力に満たない非正規社員であれば減額をおこなう可能性もでてきます。

これまで非正規社員の給与や時給について、他の非正規社員との比較や勤続年数で決めてきた企業も多いと思いますが、今後は同職種の正社員の給与が判断材料になりますので、職務能力を見極める人事考課をベースにして給与を決めていく必要があるのです。

非正規社員に限らず契約社員として雇用している高齢者についても、賃金格差を見直す必要があります。

正社員と同様の能力評価をおこない、賃金格差を是正する改善をおこなってください。

ポイント

- ○同一労働の正社員の時給換算と同一を目指す
- ○能力評価を正社員と同様に実施する
- ○遵守しない場合、労働基準監督署から是正勧告を受ける可能性がある

キャリアシートをベースに給与を決める

単純に正社員の給与を時給換算して非正規社員の時給にする作業は簡単ですが、多くの非正規社員を雇用している企業は、間違いなく人件費が高騰して経営を圧迫します。

同一労働・同一賃金が原則であれば、同一労働の観点を明確にしていく必要があります。面倒でも非正規社員用のキャリアシート、もしくは正社員用のものを代用して、やるべきことや能力を明確にしていくことで、給与格差を是正してください。

非正規社員の給与を引き上げることだけでなく、正社員と同等の能力による給与であれば、対象となる正社員の能力に満たない場合、非正規社員の給与を下げることも考慮しなければいけません。

人件費の高騰を避けるためには、労働生産性を上げて利益を確保するか、状況によっては、非正規社員の雇用を止めて業務委託や正社員へ登用することも検討してください。

職務能力の評価方法を含めて、能力をベースに労働生産性に基づく評価をしていかなければ、人件費の高騰は避けられません。

人件費の高騰を避けるためにも単純に非正規社員の賃金をアップするのではなく、非正規社員の職務能力を見極めたうえで、同等の能力の正社員と同様の賃金に是正するか、正社員の給与規定を改めたうえで、非正規社員から正社員へ雇用形態を変更することを検討してください。

ポイント

- ○非正規社員の職務能力を適正に見極める
- ○非正規社員を正社員に登用する
- ○人件費抑制のため正社員の給与規定を見直す

短時間正社員を含めた正社員の選択制度

正社員は1日8時間、週40時間勤務する労働条件のみだという固執した考えでは、働き方改革は実践できません。非正規雇用から正社員へ雇用形態を変えるうえで、非正規社員の労働条件に近づける雇用形態を検討すべきです。主婦(夫)層や高齢者雇用を考えるうえで、短時間勤務であっても正社員として雇用する形態を検討すべきです。

職務能力と連動した給与体系を基本にすれば、労働時間の割合により調整していくことが可能です。非正規社員や高齢者が安心して働けることが、モチベーションを高めることに繋がります。

週20時間以上で1年を超えて雇用の見込みがあれば、社会保険の対象になりますので、派遣社員以外の非正規社員でも会社負担分は発生します。非正規社員から正社員へ登用するうえで、全ての希望者を登用するのではなく、改めて職務能力を見極めるための試験や面接をおこない決定します。

短時間正社員は、主婦(夫)や高齢者に留まらず、大学生でも適用できます。短時間正社員としての自覚を持って仕事をおこなうならば、大学生であっても正社員として雇用することも検討してください。

働き方改革では、社員のライフスタイルに合わせて、雇用形態をフレキシブルに選択できることで、定着率が高まるだけでなく労働生産性向上にも繋がるのです。

ポイント

- ○短時間正社員を正社員として雇用する
- ○働くスタイルに合わせた雇用形態を検討する
- ○大学生もアルバイトではなく短時間正社員として雇用できる

COLUMN

究極の働き方

近い将来ひとつの企業だけで働く正社員が減少して、本業と副業だけでなく本業と本業で生計を立てる生活や、業務委託のように複数の企業で重要な仕事をおこなっていく働き方に転換していくかもしれません。ロボットや人口知能の発達により残業という概念もなくなり、1日6時間程度の仕事で満足のいく賃金を得られる働き方になるかもしれません。そのためには、ロボットやAIで置き換えられる仕事は転換して、人間ならではの企画力、発想力、チームワーク、リーダーシップなどを生かして、日本独自の技術力やサービスなどで国際競争力をさらに高めていくことが絶対条件です。

これまでも何とか食べてこられたから今後も大丈夫だろうといった安易な考えの社員を抱えている企業は、働き方改革などできず日本国内で仕事がなくなり、海外で安い賃金で働くことになるかもしれません。今後の働き方は、短い時間で効率良く能力を発揮していく人と、最低賃金などの概念のない劣悪な環境で何とか仕事をしていく人と、両極端になるように思えます。

第7章

活気のある会社を構築する

正当な評価をする会社

働き方改革の企業側のメリットは、評価制度や労働条件を見直すことで、活気があり、社員が長く働きたいと考える企業になることです。これまで培ってきた年功序列型の給与や評価制度を変える絶好のチャンスだと言えます。

働き方改革では、同一労働・同一賃金で非正規社員の賃金格差をなくさなければいけませんが、この点は企業にとっても評価基準や給与規定を見直して、能力のある社員に対して待遇面で厚くする反面、能力のない社員の賃金が下がる仕組みを構築する改革なのです。

これまで、評価基準が曖昧でよくわからないといった不満や正当な評価をされていないと考え転職を決断する社員がいましたが、評価基準を実績重視型に切り替えることで、ガラス張りの評価が期待できます。また、役職定年制を設けることで、中高年役職者の滞留で若年層のモチベーションが下がっている企業も、実力次第で役職に就けるチャンスが生まれます。

能力のある非正規社員が正社員に登用される基準が明確になることで、非正規社員、正社員に隔たりがなくなり、活気のある組織が構築できます。

上司の好き嫌いや派閥で評価が決まる組織から、実務能力や成果に対する評価を上司から具体的にフィードバックする評価制度を実践することで、やるべきことが明確になり社員に活気が生まれるのです。

ポイント

○実績・能力重視型の評価をおこなう

○正当な評価を実践することで活気のある組織になる

○非正規社員と正社員の隔たりがなくなり風通しの良い組織になる

PERSONNEL STRATEGY

長く働ける会社

潤沢な人材が在籍している大手企業では、中高年が滞留することで人事の活性化に影響が出ることが懸念されていますが、優秀な人材が集まりにくい中小企業であれば、中高年の大手企業経験者を採用して戦力にすることで、企業業績を伸ばしていくチャンスと捉えてください。

大手企業でも通常、再雇用で定年後も延長して働けますが、待遇面が大幅に悪くなる傾向があります。また優秀な人材が多くいる大手企業では、中高年と若年層との関係が悪化するケースもあります。この点を逆手に取れば、年齢を問わず優秀な人材を活用していく中小企業で、中高年の大手企業経験者を生かすことを検討すべきです。大手企業経験者は、中小企業で汗水流すような仕事ができないため使い者にならないという考え方がある一方で、気持ちを切り替えてチャレンジしていく大手企業経験者もいます。仕事内容によっては大手企業経験者の人脈を活用するだけでも、雇用する価値は十分あります。

法律が施行されたから高齢者を雇用しなければならないというネガティブな考えではなく、外国人助っ人を活用するのと同様に、中高年で優秀な人材を積極的に活用して企業業績を上げることを考えてください。

高齢者に対して全てを求めるのではなく、企業が高齢者の能力に見合う仕事を提供していく姿勢が大切です。さらに原則として、これまでの経験を生かしつつも、新たにチャレンジしていく向上心と年齢を言い訳にせず積極的に行動していく意欲のある高齢者を活用することです。

多くの企業が60歳以降の再雇用では契約社員として雇用していますが、同一労働・同一賃金が施行されることを考慮すれば、60歳以降であっても正社員として雇用することで、他社との差別化になります。

ポイント

- ○高齢者が働きやすい労働条件や環境を整える
- ○本人が希望すれば正社員雇用ができる体制を構築する
- ○若年層と高齢者が共感しあう組織を目指す

社員が生き生きと働ける職場を目指す

今後グローバル化が進んでいくなかで、年代、男女、雇用形態、国籍を問わず社員が生き生きと働ける職場を目指すべきです。

他国籍の社員が切磋琢磨する企業から、既存の方法や在り方に捉われない革新的なアイデアが生まれます。

特に外国人の受入れにおいては、日本人や外国人といった壁を作るのではなく、仲間として同じベクトルで働いている企業が好業績を上げています。

これまで語学に縁がなかった社員でも、日常英会話程度のスキルがあることで、コミュニケーションができるようになります。現在、日本人を主体とした企業でも、今後多くの企業が外国人と共に成果を上げていくようになります。そのためにも企業が率先して英語力を高める研修などを実施すべきです。

外国人労働者が日本語を話せればベストですが、日本語の知識がなくても英語を介してコミュニケーションが取れれば、良好な関係が築けます。

労働不足だから仕方なく外国人を受け入れるのではなく、強固な戦力として外国人を受け入れて、同じ方向を目指していく体制が大切です。

異なる年代も同様に、積極的にコミュニケーションを交わすことから相互理解が生まれます。

「高齢者だから・・・」「若年層だから・・・」「外国人だから・・・」と諦めた表情で語っている企業に明日はありません。

働き方改革が目指すものは、年代、国籍、男女、雇用形態を問わず、それぞれの立場で仕事に価値観を見出し、最大限の能力を発揮することなのです。グローバルな視点で柔軟に対応できる企業が、今後も益々発展していくのです。

ポイント

○固定観念を払拭し社員同士の良好な関係を構築する
○外国人の受け入れのために、既存社員の英語力を高める
○相互理解が労働生産性を高めて企業業績に影響する

PERSONNEL STRATEGY

ワーク・ライフ・バランスが取れる会社

働き方改革は、これまでのようにがむしゃらに働くのではなく、休日もしっかり取って、仕事と生活のバランスの取れた生活が送れるようにするための改革なのです。

企業が社員に対してワーク・ライフ・バランスの取れる労働条件を提供するためには、労働生産性を高めて利益が出る企業にしなければいけませんが、ワーク・ライフ・バランスが取れない企業では、今後、優秀な人材を採用できず、利益が悪化していきます。

働き方の選択については、人事制度を見直すことで比較的容易にできます。残業時間の削減では、クラウド機能を活用することや外部に業務委託をおこなうことでも改善できます。

仕事をしながら子育てが容易になるための勤務形態や、自宅で仕事ができる環境を整備することで、生活を充実させながら安心して仕事ができるようになります。

充実した生活を送るためには、福利厚生の充実も重要です。大企業のように保養施設などを所有できなくても、社員が割引で泊まれる宿泊施設やエンターテインメント施設などのメンバーに加入することで、社員が自由に活用することも可能です。

充実したワーク・ライフ・バランスは、大企業だけのものではありません。中小企業だからこそ改革に迅速な対応が取れるメリットもあります。ワーク・ライフ・バランスの取れた企業に優秀な人材が集まり、今後も発展していくのです。

ポイント

○社員の環境を考慮したフレキシブルな勤務体制を構築する
○働き方改革を実践することで健康面を害することなく長く働ける
○ワーク・ライフ・バランスの取れる企業に人が集まる

人事戦略としてやるべきこと

働き方改革の人事戦略としてやるべきことを最後にまとめました。もう一度、各内容をよく確認して実行していきましょう。

（　）に実施済（○）、実施せず（×）、実施予定時期のいずれか記載

◆採用業務強化

- 自社の魅力を打ち出す……【119ページ、122ページ】（　　）
- 新卒採用から第二新卒にシフトする……【124ページ】（　　）
- 主婦（夫）層を活用する……【134ページ】（　　）
- 中高年を積極的に採用する……【136ページ】（　　）
- 退職者を掘り起こす……【132ページ】（　　）
- 紹介制度を構築する……【130ページ】（　　）
- 外国人留学生を採用する……【128ページ】（　　）

●学生アルバイトを正社員に登用する……【126ページ】（　）
●雇用形態の多様化をおこなう……【150ページ、174ページ】（　）

◆職務能力の統一（スキルアップ）
●マニュアルを整備する……【89ページ】（　）
●キャリアシートを活用する……【95ページ】（　）

◆仕事量の削減
●クラウドを活用する……【93ページ】（　）
●ロボット、ＡＩを導入する……【144～149ページ】（　）
●部署間における効率化を図る……【84～88ページ】（　）
●短時間正社員制度を導入する……【150ページ】（　）
●主婦（夫）、高齢者を活用する……【134～139ページ】（　）
●業務委託を活用する……【78ページ】（　）
●ノー残業デーを施行する……【162ページ】（　）

おわりに

働き方改革などは、大手企業が実施するものであり、雇用情勢や経営状況が厳しい当社では実践できないと考えている人事担当者もいると思いますが、働き方改革は、やる、やらないという選択肢はなく、実施していかなければいけない改革なのです。とはいえ企業経営が圧迫してしまえば、社員の雇用そのものが難しくなります。

私が人事に携わっていたときも労働時間の削減が急務だったのですが、削減すれば人件費が高騰することがわかっていたので後回しにしていました。

あるとき入社1年目の社員から労働基準法に違反していることを指摘されて、労働基準監督署から是正勧告を受けたのですが、そのことがきっかけで変形労働時間を導入した勤務体制の改善ができ、人件費の高騰を抑えながら労働時間削減が実現できました。

本書では、働き方改革をこれまでの年功序列型の給与規定や抽象的な人事考課ではなく、実務能力に基づく絶対評価の人事考課と能力に応じた給与規定に変更するチャンスだと捉えて書かせていただきました。

人事担当者であれば、すでに理解されていることも多いと思いますが、わかっているだけでは残業時間の削減、有給休暇を取得できる体制の構築、同一労働・同一賃金の給与格差の是正、高齢者の有効活用はできません。

人事制度の改革は、経費が伴うことが多いのですが、労働力が失われれば利益を出すことすらできなくなります。

人件費の増加を最小限に抑えたうえで、社員のモチベーションを高めてワーク・ライフ・バランスの取れる制度改革を、本書を参考にしていただき実践してください。

皆さまの企業が益々発展することを心から祈願いたします。

谷所 健一郎

■著者紹介

谷所《やどころ》　健一郎《けんいちろう》　有限会社キャリアドメイン 代表取締役　https://cdomain.jp
日本キャリア開発協会会員
キャリア・デベロップメント・アドバイザー（CDA）

東京大学教育学部付属高校在学中にニューヨーク州立高校へ留学。武蔵大学経済学部卒業後、株式会社ヤナセに入社。その後、株式会社ソシエワールド、大忠食品株式会社で、新卒・中途採用業務に携わる。1万人以上の面接を行い人材開発プログラムや業績評価制度を構築する。株式会社綱八で人事部長を務めたのち独立。1万人以上の面接と人事に携わってきた現場の経験から、人事コンサルティング、執筆、講演、就職・転職支援を行う。ヤドケン就職・転職道場、ジャパンヨガアカデミー相模大野、キャリアドメインマリッジを経営。

主な著書
『転職必勝バイブル
　　採用される履歴書・職務経歴書の書き方&面接突破法』（C&R研究所）
『再就職できない中高年にならないための本』（C&R研究所）
『選ばれる転職者のための面接の技術』（C&R研究所）
『選ばれる転職者のための職務経歴書&履歴書の書き方』（C&R研究所）
『人事のトラブル 防ぎ方・対応の仕方』（C&R研究所）
『できる人を見抜く面接官の技術』（C&R研究所）
『新版「できない人」の育て方 辞めさせ方』（C&R研究所）
『「履歴書のウソ」の見抜き方 調べ方』（C&R研究所）
『即戦力になる人材を見抜くポイント86』（創元社）
『はじめての転職ガイド 必ず成功する転職』（マイナビ出版）
『「できる人」「できない人」を1分で見抜く77の法則』（フォレスト出版）
『良い人材を見抜く採用面接ポイント』（経営書院）　他多数

編集担当 ： 西方洋一 ／ カバーデザイン ： 秋田勘助（オフィス・エドモント）

働き方改革で潰れない会社の人事戦略

2019年4月1日　　初版発行

著　者　谷所健一郎
発行者　池田武人
発行所　株式会社　シーアンドアール研究所
　　　　新潟県新潟市北区西名目所4083-6（〒950-3122）
　　　　電話　025-259-4293　　FAX　025-258-2801
印刷所　株式会社　ルナテック

ISBN978-4-86354-273-0 C0034